幼儿生活活动保育与卫生保健

◎主编 张文慧 祝 黔 吴万清

电子工业出版社

Publishing House of Electronics Industry

北京·BEIJING

内 容 简 介

本书坚持"以职业发展为导向，以职业能力提升为核心"的指导思想，选取托幼机构保育师岗位的典型工作任务，学生通过完成学习任务直接获取经验，从而掌握职业技能技巧和相关知识，体现"做中学、学中做"的职业教育理念；同时在每个模块中渗透相关职业素养，目的是培养具备专业思想、专业知识和专业能力的高素质保育人才。本书分为 3 个学习模块，分别是了解保育、生活保育、卫生保健。每个学习模块下选取最具代表性的学习任务，每个任务由多个活动构成，活动采用观察、探讨、实操、思考、模拟表演、画思维导图、测试、评价等多种形式激发学生的学习积极性，从而获得最佳的学习、实践效果。

本书着重培养学生从整体的角度看待保育工作的能力，帮助学生形成系统观；并在此过程中强调幼儿园整体协同工作的重要性，让学生对集体内的分工与合作产生更深刻的理解。

图书在版编目（CIP）数据

幼儿生活活动保育与卫生保健 / 张文慧等主编 . —北京：电子工业出版社，2024.4（2025.7 重印）

ISBN 978-7-121-47712-6

I. ①幼… II. ①张… III. ①幼儿园—生活管理—教材 ②幼儿—卫生保健—教材 IV. ①G617 ②R174

中国国家版本馆 CIP 数据核字（2024）第 077464 号

责任编辑：游　陆　　文字编辑：魏　琛
印　　刷：北京七彩京通数码快印有限公司
装　　订：北京七彩京通数码快印有限公司
出版发行：电子工业出版社
　　　　　北京市海淀区万寿路 173 信箱　邮编　100036
开　　本：880×1 230　1/16　印张：14.5　字数：334 千字
版　　次：2024 年 4 月第 1 版
印　　次：2025 年 7 月第 2 次印刷
定　　价：45.00 元

凡所购买电子工业出版社图书有缺损问题，请向购买书店调换。若书店售缺，请与本社发行部联系，联系及邮购电话：（010）88254888，88258888。

质量投诉请发邮件至 zlts@phei.com.cn，盗版侵权举报请发邮件至 dbqq@phei.com.cn。

本书咨询联系方式：（010）88254489，youl@phei.com.cn。

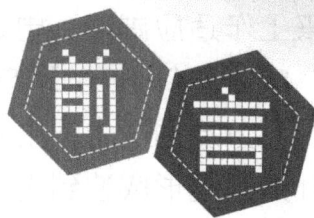

学前教育是终身学习的开端，是国民教育体系的重要组成部分，是重要的社会公益事业。学前教育作为我国基础教育的基础，是培养担当民族复兴大任的时代新人的重要奠基阶段，对加快建设教育强国和高质量教育体系具有基础性、全局性和战略支撑作用。幼儿是祖国的花朵，是社会的未来，幼儿的健康成长是每一位家长和幼教工作者的衷心祈盼。

《幼儿园教育指导纲要（试行）》中明确指出："幼儿园必须把保护幼儿的生命和促进幼儿的健康放在工作的首位。"保育工作的重要性不言而喻。保育工作不只是做好卫生、生活护理，还承担着保护幼儿生命、保证幼儿身心健康发展的关键职责。保育教师作为这一职责的承担者，其人才培育无疑至关重要。

"幼儿生活照护"是幼儿保育专业的核心课程。本书紧密结合《幼儿园教师专业标准（试行）》《学前教育专业师范生教师职业能力标准（试行）》《保育师国家职业技能标准》等对保育工作内容、标准、专业能力、师德素养等提出的综合要求，坚持"以职业发展为导向，以职业能力提升为核心"的指导思想，注重展示教师保育工作涉及的各个工作要点，侧重培养学生的实操能力，并增加视频示范内容，同时在每个模块中渗透职业素养潜移默化的养成。本书汇集了编者十多年的教研成果，目的是培养具备专业思想、专业知识和专业能力的高素质保育人才。

本书分为 3 个模块，分别是了解保育、生活保育、卫生保健。每个模块以"学习任务"的形式进行呈现，每个学习任务由多个活动构成，活动采用观察、探讨、实操、思考、模拟表演、画思维导图、测试、评价等多种形式激发学生的学习积极性，呈现更佳的学习、实践效果。

本书具有以下特色：

1. 理实一体

学习理论知识的同时，本书提供了视频与图片资源，以直观的方式展示模拟实操过程，让学生巩固所学知识。

2. 多岗融合

保育岗在实际情况中是与其他岗位工作交叉融合的，教材将保育与教育、保育与保健、保育与家长工作融会贯通，使得保育的价值更加清晰，助力学生缩短未来工作适应周期，更好地进行多岗位间的合作。

3. 多样化的学习方式

充分发掘学生的主观能动性，学习过程中采用多种形式启发学生思考，使学生针对问题形成独到见解，学习使用思维导图进行总结，系统地梳理知识。

4. 真实的案例分析

本书案例部分聚焦各幼儿园具有代表性的真实案例，启发学生运用所学，提升解决实际问题的能力。

5. 融入考证内容

教材融入保育员初级、中级、高级证书考试内容，便于学生学习。

本书由张文慧、祝黔、吴万清担任主编，李燕、温增欣、朱晓伟、曹毅、任建华、贾云鹰担任副主编，参与编写的还有梁姝琳、于姗姗 。

由于编者水平有限，书中难免存在疏漏和不足之处，恳请广大读者批评指正。

编　者

PREFACE ·············· 目录

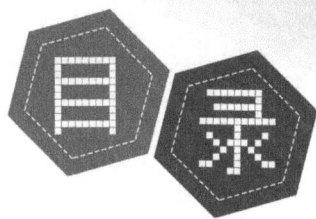

模块一

了 解 保 育

　　幼儿园是对3周岁以上学龄前幼儿实施保育和教育的机构。幼儿园教育是基础教育的重要组成部分，是我国学校教育和终身教育的奠基阶段。幼儿园的主要任务是贯彻国家的教育方针，按照保育和教育相结合的原则，遵循幼儿身心发展特点和规律，实施德、智、体、美等方面全面发展的教育，促进幼儿身心和谐发展。幼儿园的保教人员作为成熟的社会成员，是肩负着社会委托的教育者，对身心均不成熟的受教育者施加教育影响。在具体的教育过程中，保育员需要建立正确的儿童观，必须以民主、平等的态度对待幼儿、尊重幼儿，履行自己的教育职责。

　　在本模块的学习活动中，学生应相对宏观地认识幼儿园教育，相对微观地认识保育员职业，树立正确的职业观、教师观和教育观，成为一名优秀的幼儿园从业者。

学习任务一　认识幼儿园

学习目标

1. 了解我国幼儿园教育百年发展的历程。
2. 认识对学前教育有重要影响的教育家。
3. 认识幼儿园的精神环境和物质环境并了解其意义。
4. 初步了解幼儿园四大活动及其特点。

学习准备

1. 资料准备：《百年中国幼教》纪录片，陈鹤琴、张雪门生平介绍。
2. 文件准备：《幼儿园工作规程》《幼儿园教育指导纲要（试行）》《3~6 岁儿童学习与发展指南》。

学习活动

活动1　了解我国幼儿园教育的发展

百年沧桑，百年辉煌，百年中国幼教凝聚了成千上万的仁人志士的心血，记载了无数继往开来、艰苦创业、改革创新的动人故事，高扬着几代幼教工作者热爱祖国、热爱儿童、甘当人梯、无私奉献的精神。认真观看《百年中国幼教》纪录片，请小组成员之间说一说自己的感受，并写下来。

我的《百年中国幼教》观后感

🔗 **知识链接**

　　中国的幼儿园创建于 20 世纪初，清政府于 1903 年制订《奏定学堂章程》，1904 年初正式实行。1903 年清政府在武昌创办幼稚园，如图 1-1-1 所示，1904 年依《蒙养园章程》改名武昌模范小学蒙养院。1912 年中华民国政府教育部颁布《学校系统改革令》，不久又颁布了"壬子癸卯学制"，小学以下设蒙养园。直至 1922 年北洋政府教育部颁布了《学校系统改革案》，规定小学下设置幼稚园，如图 1-1-2 所示。1949 年中华人民共和国成立后，1951 年中央人民政府政务院颁布《关于改革学制的决定》，学制规定第一阶段为幼儿教育，实施幼儿教育的组织为幼儿园，幼儿园的名称一直沿用至今。

图 1-1-1　1903 年的湖北武昌蒙养院

图 1-1-2　厦门鼓浪屿私立怀德幼稚园

活动 2　认识著名教育家

（1）教育家陈鹤琴

　　"愿全国儿童从今日起，不论贫富，不论智愚，一律享受相当教育，达到身心两方面最充分的可能发展。"这是中国现代幼儿教育的奠基人，民国四大教育家之一的陈鹤琴在 1935 年写下的一段话，他离世后，人们把它刻在他的墓志铭上。

　　陈鹤琴（1892 年 3 月 5 日—1982 年 12 月 30 日）如图 1-1-3 所示，浙江上虞人，中国著名儿童教育家、儿童心理学家，教授，中国现代幼儿教育的奠基人。

图 1-1-3　陈鹤琴

早年毕业于台湾清华大学，留学美国五年，1919 年获得哥伦比亚大学硕士学位。五四运动期间回国后，最初担任南京高等师范学校教授，讲授儿童心理学课程。东南大学成立后，任

教授和教务主任。后担任中央大学师范学院院长和南京师范学院（现南京师范大学）校长。

陈鹤琴提出了"活教育"理论，重视科学实验，主张中国儿童教育的发展要适合国情，符合儿童身心发展规律；呼吁建立儿童教育师资培训体系。他一生编写幼稚园、小学课本及儿童课外读物数十种，并积极设计与推广玩具、教具和幼稚园设备，从事了一系列开创性的幼儿教育研究与实践，著有《家庭教育》等著作。

图 1-1-4　张雪门

（2）教育家张雪门

张雪门（1891 年—1973 年），浙江鄞县人，如图 1-1-4 所示，我国著名的学前教育专家。早在三十年代，他就与我国的另一位著名学前教育专家陈鹤琴先生有"南陈北张"之称。

张雪门幼年研读四书五经，后毕业于浙江省立第四中学（现宁波中学），1912 年就任鄞县私立星荫小学校长。他在青年时期就对幼儿教育产生兴趣，通过到沪宁一带参观，目睹当时一些日本式的蒙养园或教会办的幼稚园对幼儿的不良影响，深感痛心，遂立志投身幼教。1918 年，他与几位志趣相投者创立了当地第一所中国人自办的幼稚园——星荫幼稚园，并任园长。1920 年 4 月，又与人合办两年制的幼稚师范。同年，应邀到北平任孔德学校小学部主任，并考察平津幼稚教育。1924 年去北平大学任职员，同时在教育系学习。在学习期间，他得到教育系主任、中共党员高仁山先生的悉心指导，计划用一年时间研究福禄贝尔，一年时间研究蒙台梭利，再用一年时间研究世界各国的幼稚教育，然后以毕生精力研究我国的幼稚教育。不久，他的译著《福禄贝尔母亲游戏辑要》和《蒙台梭利及其教育》相继问世。

张雪门的主要著作有《幼稚园行政》《儿童保育》《幼稚教育》《幼稚园课程活动中心》《幼稚园行为课程》。

请结合陈鹤琴与张雪门的生平资料，说一说从他们身上你都学到了什么？写一写你对"活教育"理论的理解。

🔗 知识链接

陈鹤琴以儿童为中心，从中国基本国情出发，培育出国家最需要的人才，从目的论、课程论、方法论和教师观来探索中国的教育，试图探索出一条具有中国特色的教育之路。

一、"活教育"的目的论

"活教育"的目的论讲的就是"做人"的问题，如何更好地与人相处，追求幸福，服务社会，实现人生价值。陈鹤琴先生曾说过："活教育的目的就是做人，做中国人，做现代中国人"。陈鹤琴的话平凡却不简单，其中蕴含着深刻的哲理。当前幼儿园普遍存在教师忽视幼儿的自主性，对幼儿的显性控制过多，教师采用注入式教学等问题。这些做法影响了幼儿积极性和自主性的发挥，导致幼儿丧失了自主思考、自主判断、自主行动的机会。为此，教师在教学中应处于隐性控制的地位，用幼儿的朋友身份引导幼儿开展教育活动。

陈鹤琴提出的"活教育"目的论，对"做人"的要求主要包括：①要有健康的身体。身体是进行一切活动的本钱，必须有健康的身体才能为国家服务，担起救国的重任。②要有建设能力。人的建设能力是社会发展的必然要求。③要有创造能力。幼儿本来就善于创造，稍加引导就能事半功倍。④要能够合作。

二、"活教育"的课程论

陈鹤琴提出了"大自然、大社会都是活教材"的课程论。他反对"书本中心"的传统教育，不应把书本当作学校学习的唯一教材，但是也不能全盘否定书本教学的价值。关于课程编制，他主张"整个教学法"，课程编制以活动单元或活动中心制为主。打破学科界限，找到学科的内部联系和幼儿一日生活的结合点。陈鹤琴主张父母要带孩童到大自然、大社会中去，让孩童扩大视野，增强经验，发展丰富的观察力、想象力和创造力，培养幼儿"尊重事实，求真求是"的人生态度。

三、"活教育"的方法论

"活教育"思想是一套成熟的理论体系，"活教育"思想的内容不仅包括目的论、课程论，还有方法论。活教育中的"做"就是实践，只有在实践中，幼儿才能切身体会，获得直观体验。他提出的"十七条教学原则"集中体现了"活教育"思想的全新教育观念，突出了以儿童为学习主体的思想，也是"活教育"的方法论思想。未来的幼儿教育以发现式学习为主。学习需要幼儿自己去发现，发现式学习体现了"活教育"思想的科学实验精神和方法论，即"做中学，做中教，做中求进步"。总而言之，陈鹤琴把"做"贯穿于"教"与"学"中，在做中求进步。这一方法论思想体现出"活教育"思想对传统教学模式和应试教育的批判。

四、"活教育"的教师观

陈鹤琴认为，幼儿教师在中国幼教事业中占有重要地位，优质幼儿教师是发展幼儿教育的关键。幼儿教师在幼儿教育中占有重要地位，教师资源的优劣决定幼儿教育水平的高低。

活动 3　认识现代幼儿园

我国现代的幼儿园建筑标准高，设施设备及功能齐全，请小组成员共同讨论：现代幼儿园的物质环境都包括哪些内容？它们的作用是什么？请将讨论结果填写在表格中。

（1）幼儿园的物质环境的功能（如表 1-1-1 所示）

表 1-1-1　幼儿园的物质环境的功能

环境	名称	作用
场地	室外游戏场地	
	集中绿地	
幼儿活动用房	班级	
	综合活动室	
服务用房	办公室	
	保健观察室	
	隔离室	
	晨检接待厅	
附属用房	厨房	
	门卫室	
	储藏室	

（2）幼儿园设施包括

➤ 幼儿园的物质环境指幼儿在进行学习、生活、游戏等活动时使用的各种场所及设施材料，是满足幼儿的活动需求、促进幼儿身心全面发展最基本的保障。

（1）场地

①室外游戏场地：幼儿室外活动的主要场所，对幼儿健康成长、增强体质、培养友爱精神至关重要，如图 1-1-5 所示。

②集中绿地：是幼儿园美化、净化环境，降低噪声，改善小气候，认识植物及幼儿室外游玩的场所，如图 1-1-6 所示。集中绿地可以起到美化、优化保教环境的作用，对幼儿有陶冶情操、引发联想、拓展思维的作用，应统筹规划建设。

图 1-1-5　幼儿园室外游戏场地

图 1-1-6　幼儿园集中绿地

（2）房屋建筑——幼儿活动用房（见图 1-1-7）

①班级活动单元：由活动室、寝室、卫生间、衣物储藏室组成，每班为一个单元。幼儿园的教育内容分为健康、社会、科学、语言、艺术五个方面。上述教育内容通过角色游戏、美工游戏、建筑游戏、表演游戏、智力游戏，以及讲故事、欣赏动植物标本模型、唱歌、画图、看图书等活动形式完成。同时，幼儿还要在园内用餐、睡眠、盥洗等。以上活动基本都在班级活动单元内进行。

②综合活动室：6个班及以上规模的幼儿园至少设一间，一些不易移动的室内共享活动设施可放在综合活动室中，要能容纳两个班及以上幼儿开展集体活动、演出和亲子活动使用，并可面向社区开展科学育儿指导等活动，如图1-1-8所示。

图1-1-7 幼儿活动用房

图1-1-8 综合活动室

（3）房屋建筑——服务用房

①办公室：供幼儿园教师和管理人员办公、教研、会议、接待、阅览、储存资料使用。应根据幼儿园保教职工编制和管理工作需要合理安排，尽可能兼用、合用，同时应适当考虑办公自动化设施所需面积，可设置网络控制室，如图1-1-9所示。

②保健观察室：供卫生保健人员开展卫生保健工作使用，保健观察室内宜设有卫生间，如图1-1-10所示。

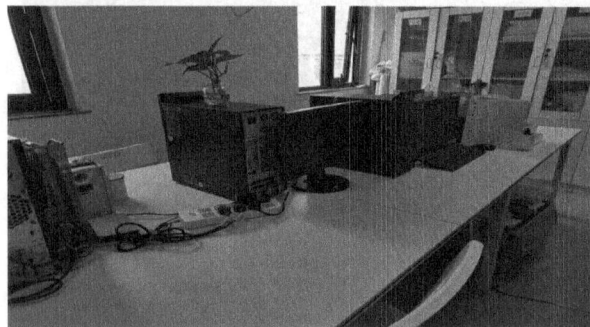

图1-1-9 办公室

图1-1-10 保健观察室

③隔离室：供寄宿制幼儿园的卫生保健人员对突发病幼儿进行临时隔离、观察、紧急处理使用，如图1-1-11所示。

④晨检接待厅：供卫生保健人员对入园幼儿进行健康检查、接待家长和供家长接送幼儿停留使用，如图1-1-12所示。

⑤洗涤消用房：供洗涤、烘干、熨烫衣物，烧开水，毛巾、茶具等物品消毒、洗涤使用。

（4）房屋建筑——附属用房

①厨房：主要由主食加工间、副食加工间、配餐间、食具洗涤消毒间、食具存放间、烧火间、炊事员更衣休息间、库房等组成。有条件的幼儿园可设置教职工餐厅，供教职工用餐使用，如图 1-1-13 所示。

②门卫收发室：供门卫保安人员值班、安全监督及收发物品使用；宜分隔为门卫室（可兼收发用）、安全监控室和值班室，如图 1-1-14 所示。

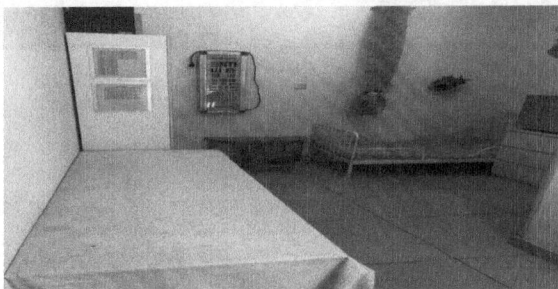
图 1-1-11　隔离室

图 1-1-12　晨检接待厅

图 1-1-13　厨房

图 1-1-14　门卫收发室

③储藏室：供储存办公用品、保教用品、劳保用品、常用工具等物品使用，如图 1-1-15 所示。

（5）幼儿园设施

幼儿园设施主要包括户外活动场地中的体育器械、沙池、水池、种植园，班级活动单元室的桌椅、玩教具、图书以及各种材料等。配备这些设施是为了让幼儿与周围环境积极地互动，支持幼儿的游戏和各种探索活动，如图 1-1-16、图 1-1-17、图 1-1-18、图 1-1-19、图 1-1-20 所示。

图 1-1-15　储藏室

图 1-1-16　幼儿园体育器械

图1-1-17　幼儿园沙池

图1-1-18　幼儿园水池

图1-1-19　幼儿种植园

图1-1-20　幼儿园图书

活动4　了解幼儿园一日活动

幼儿园的一日活动是指幼儿在园内的所有活动，根据活动性质划分为生活活动（入园、盥洗、进餐、喝水、如厕、午睡、离园等）、教学活动、区域活动、体育活动四大活动内容。这四大活动都是幼儿园保育教育的主要途径，是每日保教活动的总和，对幼儿的发展有特殊的价值。

幼儿园一日活动的安排和实施应尊重幼儿人格与权力，尊重幼儿的身心发展规律，关注生命需要，关注个别差异，保教并重，为幼儿提供健康、丰富的生活和活动环境，促进每个幼儿富有个性的、持续的发展。幼儿园一日活动需要科学、合理地进行安排，如何做到科学、合理？那就要遵循一定的原则。如安全第一原则、有序原则、教育渗透原则、快乐体验原则、一日生活皆课程原则、动静交替原则、保教结合原则等。

幼儿园合理的生活作息制度是幼儿身心健康发展的重要保证，因此幼儿园需要制定合理的幼儿一日活动时间安排表。下面是×××幼儿园一日活动时间安排（见表1-1-2）。

表 1-1-2 XXX 幼儿园一日活动时间安排表

时间	活动内容
7:30—7:50	入园、晨检、区域活动、点名
7:50—8:00	餐前如厕、洗手
8:00—8:30	早餐及餐后整理
8:30—9:00	教育活动（区域活动）
9:00—9:10	如厕、洗手、喝水
9:10—9:40	教育活动
9:40—10:00	如厕、洗手、喝水、加餐
10:00—11:00	课间操、户外互动
11:00—11:10	如厕、洗手、喝水
11:10—11:40	午餐、喝水
11:40—11:55	餐后散步
11:55—12:00	如厕、整理衣物、睡前准备
12:00—14:00	午睡
14:00—14:30	起床、盥洗、加餐、喝水
14:30—15:00	游戏活动
15:00—15:10	如厕、洗手、喝水
15:10—16:10	户外体育活动
16:10—16:20	如厕、洗手、喝水
16:20—16:50	晚餐
16:50—17:00	餐后整理、离园准备
17:00—17:30	离园

请小组认真思考并讨论幼儿园四大活动都具有什么特点，并将讨论结果写在表格中。

生活活动的特点：

教学活动的特点：

区域活动的特点：

体育活动的特点：

知识链接

生活活动

（1）生活活动的概念

幼儿园生活活动是指幼儿园一日活动中的生活环节，是满足幼儿基本生活需要的活动，生活活动的主要内容包括入园、离园、进餐、喝水、盥洗、如厕、午睡等。

（2）生活活动的特点

第一，生活活动具有基础性。从生理需求的角度来说，生活活动是维持幼儿生存最基本、最强烈的生理需求。如果这些需求得不到满足，幼儿的生存就会出现问题；只有满足了幼儿的生理需求，才能保障幼儿的生存权。

第二，生活活动具有独特性。每一个生活活动的内容都是构成幼儿生活的基本要素之一，每一个要素在幼儿的生命成长中都发挥着独特的作用，具有无可代替的教育功能。比如，洗手的教育功能不能代替吃饭的功能，睡觉的功能不能代替运动的功能等。

第三，生活活动具有真实性。每一个生活活动都是真实的生活场景，幼儿在这些场景中的所思、所想、所学、所做都是真实的。正是这些真实的收获在源源不断地推动着幼儿的成长和发展，成为幼儿生命中最强大的动力。

第四，生活活动具有频发性。生活活动在幼儿的一日活动中占据了较大的时间比重，并且每天都重复进行，在一天的活动中，幼儿洗手、喝水、如厕等都是一天重复多次。

教学活动

（1）教学活动的概念

幼儿园教学活动是幼儿园教育活动的一种重要形式，是为达成教学目标，教师与幼儿开展的多种形式的相互作用的活动的总和。

（2）教学活动的特点与原则

第一，生活性与启蒙性。生活性是指幼儿园教学活动要从帮助幼儿积累生活的感性经验出发，其内容和途径是贴近幼儿实际生活的。启蒙性是指让幼儿学习浅显的知识和经验，培养初步的学习兴趣、习惯和能力，为以后进一步的学习打下基础。

第二，活动性与参与性。幼儿园教学活动是在幼儿积极主动的活动过程中完成的，强调每一个幼儿的实践与参与。在教学中，教师要调动幼儿的多种感官，鼓励他们去看一看、听一听、闻一闻、尝一尝、摸一摸或者摆弄摆弄……以帮助他们在多种活动中更好地认识环境中的事物。

第三，游戏性与情境性。教师在组织教学时需要借助一定的游戏或情境，加强幼儿注意的持久性，唤起和调动幼儿的有关经验和感受，吸引他们在游戏的假想情境中积极地交往、活跃地想象、主动地表达。

区域活动

（1）区域活动的概念

幼儿园区域活动也被称为区角活动、活动区、学习区域或者游戏区等。根据《幼儿园教育指导纲要（试行）》和《3～6 岁儿童学习与发展指南》等文件精神及教育目标，尊重幼儿身体发展规律和学习特点，以幼儿实际需求为依据，设置各活动区域；为幼儿提供系统、适宜的区域材料，使幼儿在自主选择和主动学习的过程中，通过与环境的有效互动，获得个性化的发展。因此，区域活动是幼儿园教学中最能体现幼儿自主活动的一种组织形式，对促进幼儿全面发展所起的作用是不容忽视的。

（2）区域活动的特点

第一，自主性。区域活动一般采用自选游戏的组织形式，注重让幼儿自选、自由地开展游戏活动，充分发挥游戏的自主性特点，主题的确定、玩具的选择、玩伴的选择、语言的运用、动作的展示等游戏过程的各个环节都自然地进行。

第二，教育性。区域活动虽然有其自主性，但它也不是幼儿完全自由自在、不受控制的活动区域，它有其鲜明的教育性，但这种教育性比较隐蔽，主要体现在幼儿在游戏的过程中对材料的操作、对区域规则的遵守，以及在与伙伴们的相互交往中产生积极的体验，通过轻松愉快的活动过程，促进其身心得到发展，实现游戏本身的发展价值。

第三，实践性。不管是哪种类型的区域活动，都要通过幼儿的具体实践活动才能实现它的教育性。区域活动是非常具体的活动，有角色、动作、语言、玩具材料等要素，幼儿在活动中只有身体力行、实际练习才能发展自身的各种能力。

体育活动

（1）体育活动的概念

幼儿园体育活动是指幼儿园以增强幼儿体质，促进身体正常发育和基本动作发展，提高幼儿健康水平为目的活动。

（2）体育活动的特点

第一，趣味性。幼儿体育活动最显著的特征是趣味性，且内容广泛，可具有故事情节，能引起幼儿的兴趣。此外，体育活动是一种自由性很强的活动，没有任何外来的压力，参加者能轻松、自由地参加活动，把注意力集中在活动过程带来的乐趣上，获得一种轻松愉快的游戏体验。

第二，灵活性。幼儿体育活动的活动方式、规则可根据参加者实际情况而改变。体育活动对于场地、活动器械的要求也是灵活的，可根据活动的内容、参加人数来增加体育器材。活动的内容可依据活动目的设定，幼儿在体育活动中体验的是活动过程的乐趣，而不是最终结果。

第三，竞争性。幼儿的体育活动与竞技体育的竞争性有所差别。幼儿体育活动的活动方式有较大的变通性。虽然体育活动一般是竞技性的，但体育活动获胜的因素是多种多样的，可以比体力、比技巧、比智力、比运气、比勇气、比应变能力等。由于幼儿体育活动这种独特的多元竞争性，比赛的结果也具有多种可能性，弱者有成功获胜的机会，还可以给强者提出新的挑战。只要全力以赴，挖掘自己的潜力，参与者都有获胜的希望，使参与者在竞争中获得精神上的满足。

第四，目的性。幼儿体育活动总是具有一定的目的，以发展游戏者的体力、智力、情绪、情感等为目的。体育活动是通过人们有意识的行为来达到增强体质、陶冶情操的目的，进而服务于教学活动或生活的。因此，各种形式的体育活动与体育游戏都有着鲜明的目的性。

学习总结

1. 个人复盘
请使用思维导图的形式，对本活动的学习内容进行梳理。
2. 小组共同讨论，结合对本活动学习的思考将保教人员必学的三个文件《幼儿园教育指导纲要（试行）》《3～6 岁儿童学习与发展指南》《幼儿园工作规程》设计一张学习计划表，在 3 个月内完成学习。

学习测试

1. 请简述幼儿园的定义。
2. "幼儿园"这个名字是从哪年开始使用并沿用至今的？
3. 请简述陈鹤琴的教育思想。
4. 有"南陈北张"之称的是哪两位教育家？
5. 幼儿园四大活动分别指什么？它们各自的特点是什么？
6. 幼儿园的物质环境都包括哪些？

学习评价

学生姓名：   评价内容：认识幼儿园   班级：

学习任务	自我评价			小组评价			教师评价		
	1～5	5.1～8	8.1～10	1～5	5.1～8	8.1～10	1～5	5.1～8	8.1～10
	总占比 30%			总占比 30%			总占比 40%		
活动 1 完成情况									
活动 2 完成情况									
活动 3 完成情况									
活动 4 完成情况									
出勤									
纪律									
学习态度									
表达能力									
合作能力									
问题回答									
创新能力									
小计									
总评									

综合评语	自我评价
	小组评价
	教师评价

任课教师：   日期：

学习任务二　认识名师

学习目标

1. 了解中国幼教名师姚淑平。
2. 学习师德标兵张桂梅老师的先进事迹。
3. 清楚幼师的职业标准。
4. 能深刻理解保教人员对幼儿发展的重要影响。

学习准备

1. 学习资料：视频《中国幼教名师　姚淑平》；视频张桂梅老师"七一勋章"颁授仪式以及采访；电影视频《五个小孩的校长》。
2. 电子文档：《幼儿园教师专业标准（试行）》。

学习活动

活动1　认识姚淑平院长

在中国有很多幼教名师，其中一位名师是姚淑平，她把一生都奉献给了幼教事业，奉献给了幼儿。请结合知识链接内容说一说你心中的姚淑平院长是一位怎样的教育工作者，并写一写你的感受。

我心中的姚淑平院长

🔗 知识链接

── 姚淑平院长 ──

"在茫茫的人海中，你稳健而坦然地疾行着，往日的松紧口鞋换成一双大方的皮鞋，身上的呢子大衣使你显得更有大将风度。你是去国务院开会？或是去高科技学术讨论会上演讲？还是去舒适的疗养院休假？都不是，是回家，回幼儿院，那个你永远热爱，终身也离不开的……"这是选自《永远的童真——记北京六一幼儿院名誉院长姚淑平》中的一段话，这是一位将一生都奉献给幼教事业的院长，姚院长一生都秉持一个观点：幼教工作不论怎么搞，根本的一条就是热爱幼儿不能丢。关心幼儿要从小事做起，从细微处入手。姚院长把全部的爱都奉献给了国家的幼教事业，奉献给了幼儿。

姚淑平，女，江苏南京人。1938 年到延安抗大学习。1945 年到延安第二保育院工作，与幼教结缘。新中国成立后，历任北京市六一幼儿院院长、全国幼儿教育研究会第一届常务理事、全国妇联第四届常委。姚淑平在第二保育院工作照如图 1-2-1 所示。1960 年获全国三八红旗手称号。1983 年被评为全国先进儿童少年工作者。她是第三届全国人大代表，第五届、第六届全国政协委员。

── 视频《中国幼教名师　姚淑平》──

图 1-2-1　1950 年姚淑平陪同来院指导工作的苏联专家戈琳娜

── 爱的含义 ──

爱：用行动表达由心发出的能量。通常见于人或动物。可说是一种衍生自亲人之间的强烈关爱、忠诚及善意的情感与心理状态。

爱要尊重幼儿的人格；

爱要保护幼儿的自尊心；

爱要真诚地与幼儿接触；

爱要相信幼儿是有自己想法的；

爱要帮助幼儿学会理解别人；

爱要接纳，爱他如他所是；

爱要克服偏见；

爱要给不同需要的幼儿以平等的爱；

爱要严格，严而有理，严而有度，严而有方。

活动2　认识"时代楷模"张桂梅老师

有一位"时代楷模"，她被写进《中华人民共和国简史》，她荣获了很多荣誉，她的名字叫张桂梅。请小组成员观看张桂梅老师在"七一勋章"颁授仪式上讲话及采访的视频，并说一说你从张桂梅老师身上都看到了什么品质。并写下来。

向张桂梅老师学习

🔗 知识链接

✎⌇ 张桂梅老师 ⌇✎

"在中国，也有千千万万的人为女童和妇女教育事业默默耕耘。有一位名叫张桂梅的女教师，她扎根云南贫困山区40多年，推动创建了中国第一所免费女子高中，2008年建校以来已帮助1600多位女孩圆梦大学校园。张老师被女孩子们亲切称为'张妈妈'。她像一束希望之光，照亮孩子们的追梦人生。"张桂梅老师是时代的楷模，是最美乡村教师，是师德标兵，是我们学习的榜样。

张桂梅，女，满族，中共党员，如图1-2-2所示。1957年6月生于黑龙江省牡丹江市，原籍辽宁省岫岩满族自治县，1975年12月参加工作，1998年4月加入中国共产党，丽江华坪女子高级中学书记、校长，华坪县儿童福利院院长（义务兼任），丽江华坪桂梅助学会会长。

图1-2-2　"时代楷模"张桂梅

　　2020年6月29日，张桂梅被云南省委宣传部授予"云岭楷模"称号；12月3日，被中共中央授予"全国优秀共产党员"称号；12月10日，被中宣部授予"时代楷模"称号；先后荣获"全国先进工作者""全国十佳师德标兵""全国十大女杰""精神文明十佳人物""全国'五一'劳动奖章""全国十佳知识女性""全国百名优秀母亲""最美乡村教师""全国优秀教师""全国三八红旗手标兵""全国教书育人楷模"等称号。

　　2021年2月17日，被评为"感动中国2020年度人物"；2月25日，荣获"全国脱贫攻坚楷模"荣誉称号；6月29日，中共中央授予张桂梅"七一勋章"。

活动3　专业教师的标准

　　幼儿园保教人员是履行幼儿园教育工作的专业人士，需要经过严格的培养与培训，需要具备良好的职业道德，请小组讨论说一说，专业的幼儿园教育工作人员应具备的标准是什么？请将小组讨论的结果写下来。如表1-2-1所示。

表1-2-1　专业幼儿园教育工作人员标准表

讨论维度	讨论结果
专业理念与师德	
专业知识	
专业能力	

🔗 **知识链接**

～ 《幼儿园教师专业标准（试行）》 ～

为促进幼儿园教师专业发展，建设高素质幼儿园教师队伍，根据《中华人民共和国教师法》，特制定《幼儿园教师专业标准（试行）》（以下简称《专业标准》）。

幼儿园教师是履行幼儿园教育教学工作职责的专业人员，需要经过严格的培养与培训，具有良好的职业道德，掌握系统的专业知识和专业技能。《专业标准》是国家对合格幼儿园教师专业素质的基本要求，是幼儿园教师实施保教行为的基本规范，是引领幼儿园教师专业发展的基本准则，是幼儿园教师培养、准入、培训、考核等工作的重要依据。

一、基本理念

（一）师德为先

热爱学前教育事业，具有职业理想，践行社会主义核心价值观，履行教师职业道德规范，依法执教。关爱幼儿，尊重幼儿人格，富有爱心、责任心、耐心和细心；为人师表，教书育人，自尊自律，做幼儿健康成长的启蒙者和引路人。

（二）幼儿为本

尊重幼儿权益，以幼儿为主体，充分调动和发挥幼儿的主动性；遵循幼儿身心发展特点和保教活动规律，提供适合的教育，保障幼儿快乐健康成长。

（三）能力为重

将学前教育理论与保教实践相结合，突出保教实践能力；研究幼儿，遵循幼儿成长规律，提升保教工作专业化水平；坚持实践、反思、再实践、再反思，不断提高专业能力。

（四）终身学习

学习先进学前教育理论，了解国内外学前教育改革与发展的经验和做法；优化知识结构，提高文化素养；具有终身学习与持续发展的意识和能力，做终身学习的典范。

二、基本内容

《专业标准》基本内容见表 1-2-2。

表 1-2-2　基本内容

维度	领域	基本要求
专业理念与师德	（一）职业理解与认识	1. 贯彻党和国家教育方针政策，遵守教育法律法规。 2. 理解幼儿保教工作的意义，热爱学前教育事业，具有职业理想和敬业精神。 3. 认同幼儿园教师的专业性和独特性，注重自身专业发展。 4. 具有良好的职业道德修养，为人师表。 5. 具有团队合作精神，积极开展协作与交流。
	（二）对幼儿的态度与行为	6. 关爱幼儿，重视幼儿身心健康，将保护幼儿生命安全放在首位。 7. 尊重幼儿人格，维护幼儿合法权益，平等对待每一位幼儿。不讽刺、挖苦、歧视幼儿，不体罚或变相体罚幼儿。 8. 信任幼儿，尊重个体差异，主动了解和满足有益于幼儿身心发展的不同需求。 9. 重视生活对幼儿健康成长的重要价值，积极创造条件，让幼儿拥有快乐的幼儿园生活。

维度	领域	基本要求
专业理念与师德	（三）幼儿保育和教育的态度与行为	10. 注重保教结合，培育幼儿良好的意志品质，帮助幼儿养成良好的行为习惯。 11. 注重保护幼儿的好奇心，培养幼儿的想象力，发掘幼儿的兴趣爱好。 12. 重视环境和游戏对幼儿发展的独特作用，创设富有教育意义的环境氛围，将游戏作为幼儿的主要活动。 13. 重视丰富幼儿多方面的直接经验，将探索、交往等实践活动作为幼儿最重要的学习方式。 14. 重视自身日常态度言行对幼儿发展的重要影响与作用。 15. 重视幼儿园、家庭和社区的合作，综合利用各种资源。
	（四）个人修养与行为	16. 富有爱心、责任心、耐心和细心。 17. 乐观向上、热情开朗，有亲和力。 18. 善于自我调节情绪，保持平和心态。 19. 勤于学习，不断进取。 20. 衣着整洁得体，语言规范健康，举止文明礼貌。
专业知识	（五）幼儿发展知识	21. 了解关于幼儿生存、发展和保护的有关法律法规及政策规定。 22. 掌握不同年龄幼儿身心发展特点、规律和促进幼儿全面发展的策略与方法。 23. 了解幼儿在发展水平、速度与优势领域等方面的个体差异，掌握对应的策略与方法。 24. 了解幼儿发展中容易出现的问题与适宜的对策。 25. 了解有特殊需要幼儿的身心发展特点及教育策略与方法。
	（六）幼儿保育和教育知识	26. 熟悉幼儿园教育的目标、任务、内容、要求和基本原则。 27. 掌握幼儿园各领域教育的学科特点与基本知识。 28. 掌握幼儿园环境创设、一日生活安排、游戏与教育活动、保育和班级管理的知识与方法。 29. 熟知幼儿园的安全应急预案，掌握意外事故和危险情况下幼儿安全防护与救助的基本方法。 30. 掌握观察、谈话、记录等了解幼儿的基本方法和教育心理学的基本原理和方法。 31. 了解0~3岁婴幼儿保教和幼小衔接的有关知识与基本方法。
	（七）通识性知识	32. 具有一定的自然科学和人文社会科学知识。 33. 了解中国教育基本情况。 34. 具有相应的艺术欣赏与表现知识。 35. 具有一定的现代信息技术知识。
专业能力	（八）环境的创设与利用	36. 建立良好的师幼关系，帮助幼儿建立良好的同伴关系，让幼儿感到温暖和愉悦。 37. 建立班级秩序与规则，营造良好的班级氛围，让幼儿感受到安全、舒适。 38. 创设有助于促进幼儿成长、学习、游戏的教育环境。 39. 合理利用资源，为幼儿提供和制作适合的玩教具和学习材料，引发和支持幼儿的主动活动。
	（九）一日生活的组织与保育	40. 合理安排和组织一日生活的各个环节，将教育灵活地渗透到一日生活中。 41. 科学照料幼儿日常生活，指导和协助保育员做好班级常规保育和卫生工作。 42. 充分利用各种教育契机，对幼儿进行随机教育。 43. 有效保护幼儿，及时处理幼儿的常见事故，遇到危险情况优先救护幼儿。

维度	领域	基本要求
专业能力	（十）游戏活动的支持与引导	44. 提供符合幼儿兴趣需要、年龄特点和发展目标的游戏条件。 45. 充分利用与合理设计游戏活动空间，提供丰富、适宜的游戏材料，支持、引发和促进幼儿的游戏。 46. 鼓励幼儿自主选择游戏内容、伙伴和材料，支持幼儿主动地、创造性地开展游戏，充分体验游戏的快乐和满足。 47. 引导幼儿在游戏活动中获得身体、认知、语言和社会性等多方面的发展。
	（十一）教育活动的计划与实施	48. 制定阶段性的教育活动计划和具体活动方案。 49. 在教育活动中观察幼儿，根据幼儿的表现和需要，调整活动，给予适宜的指导。 50. 在教育活动的设计和实施中体现趣味性、综合性和生活化，灵活运用各种组织形式和适宜的教育方式。 51. 提供更多的操作探索、交流合作、表达表现的机会，支持和促进幼儿主动学习。
	（十二）激励与评价	52. 关注幼儿日常表现，及时发现和赏识每个幼儿的点滴进步，注重激发和保护幼儿的积极性、自信心。 53. 有效运用观察、谈话、家园联系、作品分析等多种方法，客观地、全面地了解和评价幼儿。 54. 有效运用评价结果，指导下一步教育活动的开展。
	（十三）沟通与合作	55. 使用符合幼儿年龄特点的语言进行保教工作。 56. 善于倾听，和蔼可亲，与幼儿进行有效沟通。 57. 与同事合作交流，分享经验和资源，共同发展。 58. 与家长进行有效沟通合作，共同促进幼儿发展。 59. 协助幼儿园与社区建立合作互助的良好关系。
	（十四）反思与发展	60. 主动收集分析相关信息，不断进行反思，改进保教工作。 61. 针对保教工作中的现实需要与问题，进行探索和研究。 62. 制定专业发展规划，积极参加专业培训，不断提高自身专业素质。

三、实施建议

（一）各级教育行政部门要将《专业标准》作为幼儿园教师队伍建设的基本依据。根据学前教育改革发展的需要，充分发挥《专业标准》的引领和导向作用，深化教师教育改革，建立教师教育质量保障体系，不断提高幼儿园教师培养培训质量。制定幼儿园教师准入标准，严把幼儿园教师入口关；制定幼儿园教师聘任（聘用）、考核、退出等管理制度，保障教师合法权益，形成科学有效的幼儿园教师队伍管理和督导机制。

（二）开展幼儿园教师教育的院校要将《专业标准》作为幼儿园教师培养培训的主要依据。重视幼儿园教师职业特点，加强学前教育学科和专业建设。完善幼儿园教师培养培训方案，科学设置教师教育课程，改革教育教学方式；重视幼儿园教师职业道德教育，重视社会实践和教育实习；加强从事幼儿园教师教育的师资队伍建设，建立科学的质量评价制度。

（三）幼儿园要将《专业标准》作为教师管理的重要依据。制定幼儿园教师专业发展规划，注重教师职业理想与职业道德教育，增强教师育人的责任感与使命感；开展园本研修，促进教师专业发展；完善教师岗位职责和考核评价制度，健全幼儿园教师绩效管理机制。

（四）幼儿园教师要将《专业标准》作为自身专业发展的基本依据。制定自我专业发展规划，爱岗敬业，增强专业发展自觉性；大胆开展保教实践，不断创新；积极进行自我评价，主动参加教师培训和自主研修，逐步提升专业发展水平。

学习总结

1. 个人复盘

请使用思维导图的形式，对本活动内容进行梳理。

2. 小组复盘

小组成员约定一个时间，共同观看电影《五个小孩的校长》，观影结束后，小组成员相互交流感受，并写一段300字的观影感受。

学习测试

1. 请简述你是如何理解爱的含义的。

2. 请简述《幼儿园教师专业标准（试行）》中的基本理念。

3. 请描述《幼儿园教师专业标准（试行）》中的基本内容。

学习评价

学生姓名：　　　　　　　　　　评价内容：认识名师　　　　　　　　班级：

学习任务	自我评价			小组评价			教师评价		
	1～5	5.1～8	8.1～10	1～5	5.1～8	8.1～10	1～5	5.1～8	8.1～10
	总占比 30%			总占比 30%			总占比 40%		
活动 1 完成情况									
活动 2 完成情况									
活动 3 完成情况									
出勤									
纪律									
学习态度									
表达能力									
合作能力									
问题回答									
创新能力									
小计									
总评									

综合评语	自我评价
	小组评价
	教师评价

任课教师：　　　　　　　日期：

学习任务三 认识保育

学习目标

1. 掌握保育员职业道德的基本知识。
2. 熟知保育员职业守则。
3. 熟知幼儿园教师职业行为十项准则。
4. 熟知保育工作的特点、内容及职责。

学习准备

1. 资料准备:《保育员职业道德与基本知识》《保育员职业守则》《新时代幼儿园教师职业行为十项准则》。教师礼仪学习资料、保育员物品管理表、班级设施设备管理表、保育员常用物品照片。
2. 物品准备:清洁与消毒用品,制作标签使用的纸张、笔、胶带。
3. 环境准备:模拟盥洗室。

学习活动

活动1 保育员职业道德的含义

请小组探讨什么是职业,什么是道德,什么是保育员职业道德,保育员为什么要具备高尚的职业道德。将讨论的结果填写在表 1-3-1 中。

表 1-3-1 保育员职业道德的含义

名称	含义
职业	
道德	
保育员职业道德	
具备高尚职业道德的意义	

知识链接

～ 职业的含义与特点 ～

职业是指人们利用专门的知识和技能参与社会分工，创造社会价值，获得合理报酬作为物质生活来源，并满足精神需求的工作。职业的特点有三个，一是目的性，职业是个体谋生的手段；二是社会性，能够通过职业服务他人，创造社会价值；三是专门性，每个职业都有相当数量的从业人员。

职业是每个社会成员的一种极为重要的社会活动方式，是人类生存和生活必不可少的重要环节。在某种程度上职业还是个体生存意义的决定因素。

～ 道德的含义及特征 ～

道德是指一定社会、一定阶级要求人们遵循的调整个人与个人之间及个人与社会之间关系的行为准则和规范的总和。道德的特征包括两个方面：一是以善恶为标准，调节个人与个人之间和个人与社会之间的关系，是社会调整体系中的一种调整形式；二是依据社会舆论、社会习俗和传统文化来判断一个人的道德品质，以人们的自我评价和他人评价的方式调整人们的内心意愿和行为，主要依靠人们自觉的内心观念来维系。

～ 保育员职业道德的含义 ～

保育员是指在托幼园所、社会福利机构及其他保育机构中，辅助教师对婴幼儿进行保健和养育，协助教师对婴幼儿进行教育的人员。保育员职业道德是指在一定的职业道德知识、情感、意志、信念支配下而自觉遵循的行为准则和规范。

保育员的职业道德行为是一种自觉的活动，良好的职业道德行为是在长期的职业劳动中日积月累形成的，按照职业道德规范要求并有意识培养的结果。所以，保育员的职业道德行为不是与生俱来的，而是经过培养和训练形成的一种良好的职业行为习惯。只有具备了良好的职业道德，才能将职业道德准则和规范落到实际的职业活动中，做到知行合一，从而形成高尚的职业道德品质和先进的职业道德意识。

～ 保育员应具备高尚职业道德的意义 ～

（1）保育员具备高尚的职业道德是社会的需求

职业道德是调节社会关系的基本手段。人是社会中的人，是具有社会性的，人与人之间、人与社会之间存在着各种各样的关系，其中很多关系就属于道德关系。在处理这些关系的时候，国家强制力量的调整和法律的作用是有限的，而道德的作用面是非常广泛的，有时需要利用道德的力量来解决问题。比如，有的保育员工作态度不积极、不能耐心解答家长问题，这种现象不能用法律来制裁，只能通过各种途径提高保育员的道德修养，从根本上解决问题。

职业道德是弘扬中华民族传统美德的需要，我国具有重视伦理道德研究的传统，十分重视用伦理道德协调人际关系，维持社会秩序。在这种社会文化背景下，保育员作为对幼儿的直接施教者，要时刻以身作则，通过不断学习提高自身的道德修养，以高尚的职业道德为幼儿的成长和发展提供学习的楷模和效仿的榜样，从而承担起向幼儿弘扬中华民族传统美德的重任。

（2）保育员具备高尚的职业道德是职业特点的要求

保育员的地位和作用需要其具备高尚的职业道德，保育员是学前教育机构中不可或缺的成员，作为幼儿教师的助手，保育员的工作是非常琐碎和繁杂的，需要辅助教师负责幼儿的保健和养育，并协助教师对幼儿进行教育。所以说，保育员在学前教育机构中有着重要的地位，发挥着独特的作用。

保育员工作的对象是天真无邪、活泼可爱、可塑性极强的幼儿，幼儿时期是人一生中发展变化最大的时期，是个体的身体、动作、智力、品德、心理发展的重要时期，在这一时期幼儿喜欢模仿，为了培养幼儿良好的道德品质，保育员就必须要加强自身的道德修养，为幼儿树立正面的学习榜样。

活动 2　保育员的语言及行为规范

（1）请认真阅读以下案例。仔仔是个刚上幼儿园小班的幼儿，开学头几天仔仔一直没有哭，都是独自在班里玩，不过，教师要求玩具玩过之后要摆放在原来的位置，仔仔却弄得满地都是。张老师看到满地的玩具，大吼一声："仔仔，不许碰玩具，到自己的位置上去坐好！"仔仔被这吼声吓得哇哇大哭起来，之后有很长一段时间，仔仔都不愿意来上幼儿园。请你分析张老师对仔仔说的话恰当吗？你认为作为一名教师该如何规范语言呢？请把你的想法写下来。

我认为的教师语言规范

（2）请小组成员一起阅读【教师行为规范】的电子文档资料，两人一组互相练习微笑、目光、手势、站姿和行姿，掌握正确的行为礼仪规范，并相互说一说感受。

🔗 **知识链接**

~⌐ **教师语言规范要求** ⌐~

上课语言：语速适中，语言生动、有趣、儿童化。使用普通话，用词规范；语气柔和，委婉中听，忌大声呼叫；咬字准确，吐音清晰；语调婉转，平稳，抑扬顿挫，语速适中。

生活语言：亲切关爱，体贴入微，力求体现母爱。不讲粗话、脏话。忌训斥幼儿，忌大呼小叫，不要离听者太近；时刻面带微笑，保持温柔的目光。

①在任何时候见到幼儿都要充满热情地问好，如"早晨好""中午好""下午好"等。

②凡事要以商量的口吻和幼儿说话，如"你可不可以……"（规则除外）。

③凡事都使用"请""请离开""请帮忙""请等待"等。

④不使用指责、负面的语言指出幼儿的错误，根据不同的情况请使用正确的方法和积极的语言引导幼儿，这样的教育方式能使幼儿长大之后勇于面对困难和挫折，从而受益终身。请使用这样的语言"如果这样做会更好一些""请试一试这种方法"等。

⑤对幼儿帮你做的每一件事情，教师都必须要说"谢谢"。教师帮幼儿做了事，也要对幼儿说："请说'谢谢'"，或者"你忘了什么？"教师要用自己的行为给幼儿创造一种文明的生活环境，这样幼儿就自然地学会了礼貌用语。

⑥认真倾听幼儿的每一次纠纷，例如，"请告诉老师发生了什么？""请描述事情发生的全过程。""你自己会解决吗？"要给幼儿建立准确的是非概念。解决纠纷能帮助幼儿树立规则意识，辨别是非、善恶，发展认知。

⑦当幼儿哭的时候，要接纳幼儿的情绪。

允许幼儿生气和哭闹，给他们宣泄的机会，让幼儿知道，生气是可以的，让幼儿学会情绪的自我调节。在大多数情况下，对待哭闹的新入园幼儿的方法是带他们出去走走，并同他们交谈，使之放松。

⑧引导幼儿遵守儿童行为规则。

用爱的形式鼓励和帮助幼儿遵守规则和建立秩序。用语言和神态提示幼儿："你忘了什么？"如果幼儿明知故犯，请用平静而坚定的态度告诉幼儿："老师爱你，但这件事不可以这样做。"认真处理所发生的问题，直到解决为止。

采用让幼儿自我反省的办法，帮助幼儿建立自我反省的能力。

让幼儿有勇气给别人道歉，有勇气要求别人道歉，并学会有勇气拒绝别人。

⑨在幼儿情绪焦虑时（大哭大闹，不让老师靠近），告诉幼儿"老师爱你，老师会陪着你。"然后和幼儿保持一定的距离，直到幼儿愿意和你接近。表达对幼儿的爱，倾听幼儿，抓住与幼儿建立深厚情感的最佳时期。

特别注意：

①在任何情况下，教师不得以任何方式惩罚或吓唬幼儿，并且不应该借鉴成人过去不恰当的成长经验。如果教师不知道如何处理时，暂时不做处理，可作为问题在教研活动中集体解决。

②请将垃圾扔进垃圾桶，并带领幼儿一同参与这项活动，同时帮助他人养成这样的生活习惯。

③学会在必须打搅别人时使用恰当的用语，这样就避免产生尴尬。能够自信地面对陌生人和特殊场合，并展现出得体的语言、举止和行为。

教师行为规范

（1）微笑。微笑是教师在教育教学中的重要体态语，它就像阳光一样照耀着幼儿，如果你想成为一名受幼儿喜欢的教师，那第一要旨就是要学会微笑。

教师在交往中，特别是和学生的交往中，若想获取成功，就要以期待的目光，注视着学生讲话，面带淡淡的微笑，不时与幼儿进行目光接触，这种温和而有效的方式，会营造出一种温馨的氛围。

（2）手势。教师在与幼儿的互动中，手势是常用的动作，手势可以反映一位教师的修养、性格。手势对于增强教学效果具有十分重要的作用，也会提高自己的职业修养。

（3）坐姿，即人在就座之后呈现的姿势。在日常工作与生活中，坐姿通常是教师采用较多的一种姿势。教师的坐姿是一种静态姿态。端庄优美的坐姿能够给学生带来优雅、稳重、自然、大方的美感，从而提升教学效果。

（4）站姿。站姿是教师在教育教学中最重要的举止之一。教师的不同站立姿势对幼儿的心理产生不同的影响。

《新时代幼儿园教师职业行为十项准则》

一、坚定政治方向。坚持以习近平新时代中国特色社会主义思想为指导，拥护中国共产党的领导，贯彻党的教育方针；不得在保教活动中及其他场合有损害党中央权威和违背党的路线方针政策的言行。

二、自觉爱国守法。忠于祖国，忠于人民，恪守宪法原则，遵守法律法规，依法履行教师职责；不得损害国家利益、社会公共利益，或违背社会公序良俗。

三、传播优秀文化。带头践行社会主义核心价值观，弘扬真善美，传递正能量；不得通过保教活动、论坛、讲座、信息网络及其他渠道发表、转发错误观点，或编造散布虚假信息、不良信息。

四、潜心培幼育人。落实立德树人根本任务，爱岗敬业，细致耐心；不得在工作期间玩忽职守、消极怠工，或空岗、未经批准找人替班，不得利用职务之便兼职兼薪。

五、加强安全防范。增强安全意识，加强安全教育，保护幼儿安全，防范事故风险；

不得在保教活动中遇突发事件、面临危险时，不顾幼儿安危，擅离职守，自行逃离。

六、关心爱护幼儿。呵护幼儿健康，保障快乐成长；不得体罚和变相体罚幼儿，不得歧视、侮辱幼儿，严禁猥亵、虐待、伤害幼儿。

七、遵循幼教规律。循序渐进，寓教于乐；不得采用学校教育方式提前教授小学内容，不得组织有碍幼儿身心健康的活动。

八、秉持公平诚信。坚持原则，处事公道，光明磊落，为人正直；不得在入园招生、绩效考核、岗位聘用、职称评聘、评优评奖等工作中徇私舞弊、弄虚作假。

九、坚守廉洁自律。严于律己，清廉从教；不得索要、收受幼儿家长财物或参加由家长付费的宴请、旅游、娱乐休闲等活动，不得推销幼儿读物、社会保险或利用家长资源谋取私利。

十、规范保教行为。尊重幼儿权益，抵制不良风气；不得组织幼儿参加以营利为目的的表演、竞赛等活动，或泄露幼儿与家长的信息。

活动 3　保育员的工作内容及职责

（1）请小组讨论：幼儿园保育员的工作内容有哪些？具体的任务是什么？请将讨论的结果填写在表 1-3-2 中。

表 1-3-2　保育员的工作内容及工作任务

保育员岗位工作内容	具体工作任务
例如：日常清洁与消毒工作	每日进行班级的清洁与消毒工作
例如：协助教师进行一日活动	● 协助教师迎接幼儿来园 ● 组织幼儿的生活活动（如厕、盥洗、喝水、午睡、进餐等）

保育员的工作职责

（1）负责本班房舍、场地、环境及生活用品、玩教具的清洁卫生工作。
（2）在教师指导下，科学、细致地照料和管理幼儿生活，并配合本班教师组织教育活动。
（3）在卫生保健人员和本班教师指导下，严格执行幼儿园安全、卫生保健制度。
（4）妥善保管幼儿衣物和本班的设备、用具。

🔗 知识链接

➢ 保育工作的根本目的是在一日活动中保护和促进幼儿的身体健康和心理健康。可以将幼儿园保育工作分为日常的清洁与消毒；协助教师组织幼儿一日活动；协助教师组织幼儿园各项家长活动；落实班级的卫生保健工作；做好班级的物品管理等工作，如表 1-3-3 所示。

表1-3-3 保育员工作内容一览表

保育员岗位工作内容	具体工作任务
日常清洁与消毒	每日进行班级的清洁与消毒工作
协助教师组织幼儿一日活动	协助教师迎接幼儿来园
	组织幼儿的生活活动（如厕、盥洗、喝水、午睡、进餐等）
	协助教师组织幼儿的教学活动
	协助教师组织幼儿的区域活动
	协助教师组织幼儿的体育活动
	协助教师组织幼儿离园
协助教师组织幼儿园各项家长活动	协助教师组织幼儿园各项大型活动
	协助教师组织家长开放日活动
落实班级的卫生保健工作	做好常见伤害的预防及处理
	做好幼儿常见症的早期发现及护理
	做好传染病的早期发现及预防
做好班级的物品管理	做好幼儿的物品管理
	做好清洁、消毒用品的管理
	做好班级设施的登记与管理

～ 保育工作职责 ～

《幼儿园工作规程（试行）》第六章"幼儿园的工作人员"中第三十四条规定：幼儿园工作人员应热爱幼儿教育事业，爱护幼儿，努力学习专业知识和技能，提高文化和专业水平，品德良好，为人师表，忠于职责，身体健康。同时第三十七条规定了幼儿园保育员的主要职责：

（一）负责本班房舍、设备、环境的清洁卫生工作；

（二）在教师指导下，管理幼儿生活，并配合本班教师组织教育活动；

（三）在医务人员和本班教师指导下，严格执行幼儿园安全、卫生保健制度；

（四）妥善保管幼儿衣物和本班的设备、用具。

依据《幼儿园工作规程（试行）》的以上规定，结合幼儿园保育员的工作内容，确定幼儿园保育员的工作职责有：

（一）负责本班教室内外卫生清洁工作，为幼儿创设清洁、整齐的生活和学习环境。

（二）按照幼儿园卫生消毒制度，做好日常的消毒工作，并能消毒清洗幼儿在园内弄脏的衣物、被褥等。

（三）妥善保管、保护本班的一切设施、用品、玩具。

（四）按时通风，调节室温，保证室内空气清新，做好冬季保暖、夏季降温及消灭蚊蝇的工作。

（五）负责本班级幼儿的饮食，做好正餐及加餐的餐前餐后工作，照顾幼儿饮食。

（六）照顾幼儿睡眠，根据气温变化给幼儿增减衣物和被褥。

（七）协助教师开展教育教学活动，培养幼儿良好的卫生、生活和行为习惯。

（八）做好日常的安全工作，确保幼儿的健康和生命安全。

（九）有节约意识，关心全园的建设与发展，维护集体的荣誉和利益。

（十）服从分配，积极与本班教师合作完成幼儿园交给的各项工作任务。

活动 4　保育员物品管理

（1）请观察下面几张图片中的玩具、幼儿衣物、幼儿水杯、消毒用品、拖布等物品的摆放情况，说一说都存在什么样的问题，如图 1-3-1、图 1-3-2、图 1-3-3、图 1-3-4、图 1-3-5 所示。

图 1-3-1　玩具

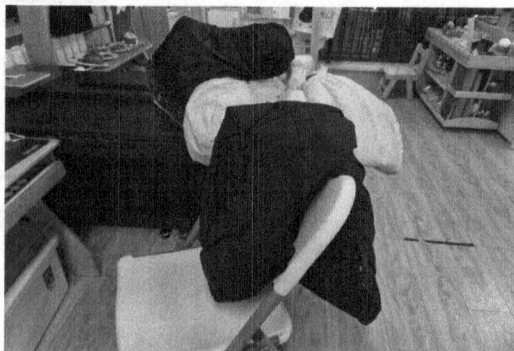

图 1-3-2　幼儿衣物

图1-3-3　幼儿水杯

图1-3-4　消毒用品

图1-3-5　拖布

（2）小组讨论说一说，保育员管理的物品都有哪些呢？这些物品都该如何进行管理呢？

🔗 **知识链接**

保育员管理的物品

表1-3-4　保育员管理的物品

分类	说明	具体名称
设施	班级内部为了满足幼儿日常生活和学习需要设置的相对固定的装置	洗手池、水龙头、便池等
设备	班级中可以供幼儿学习与生活长期使用的，并在反复使用中基本保持原有形态和功能的物质资料	电视、多媒体、电脑、钢琴、投影、热水器、桌椅、幼儿床、玩具柜、保温桶
玩教具	班级中长期或定期更换的满足幼儿学习使用的资料	玩具、教具、图书
幼儿用品	幼儿日常生活和学习中使用的物品	生活用品：毛巾、水杯、牙杯、牙刷 学习用品：文具等
材料	能够制成其他成品的原料，且使用过后不能恢复原有形态的东西	纸张、橡皮泥、颜料等
清洁用品	具有清洁功能的工具，包括清洁的工具、清洁剂、纸类清用品等几类	百洁布、不锈钢钢丝球、晾衣架（晾晒幼儿毛巾使用）、洗衣液、马桶刷、清洁消毒毛巾、垃圾袋、垃圾桶、卫生纸、湿纸巾、去污粉、洁厕灵、水盆、拖布、扫把、橡胶手套、香皂（洗手液）等
消毒用品	对环境中的病原微生物进行消杀的产品	84消毒液、健之素消毒剂

∽ 物品管理的基本要求 ∾

第一，保育员应做到每件物品来路明、去路清，不丢失；

第二，物品摆放在指定位置，并贴有相应标识；

第三，物品用完随时放回原位，尤其是清洁用品和消毒产品不得放在幼儿触摸到的地方，确保安全。

∽ 物品的记录方法：做好管理物品的记录工作
（见表1-3-5、表1-3-6、表1-3-7）∾

表1-3-5　设备、玩教具记录表

物品名称	数量	颜色	质量	检查日期
桌子	30	黄色	完好	××××年×月×日
椅子	30	黄色	完好	××××年×月×日
钢琴	1	黑色	完好	××××年×月×日
……				
……				

表1-3-6　幼儿用品、材料记录表

物品名称	数量	颜色	质量	检查日期
幼儿水杯	30		完好	××××年×月×日
幼儿毛巾	30	白色	完好	××××年×月×日
……				
……				

表1-3-7　清洁及消毒用品领取记录表

物品名称	数量	颜色	领取日期
幼儿香皂	6	白色	××××年×月×日
幼儿湿纸巾	6	白色	××××年×月×日
……			
……			

（3）请将准备好的清洁及消毒用品在模拟的盥洗室中进行摆放并贴上标签，小组成员共同讨论、进行操作，操作结束后，把它们拍下来，并写一写物品按照标签进行管理都有哪些好处？

物品进行标签管理的好处

知识链接

物品的摆放标准

（1）设备的摆放标准如图 1-3-6 和图 1-3-7 所示。

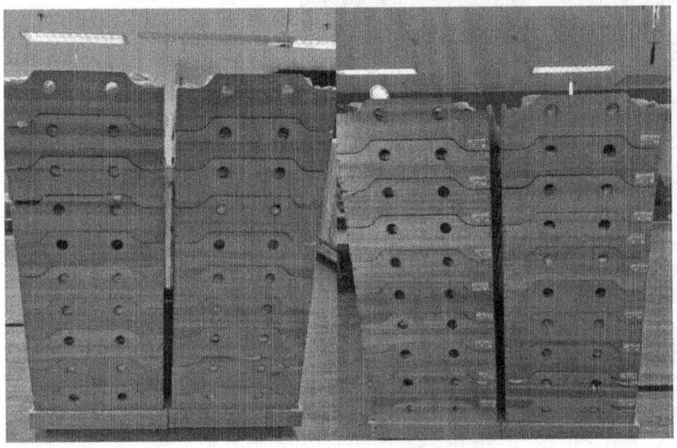

图 1-3-6 幼儿床的摆放

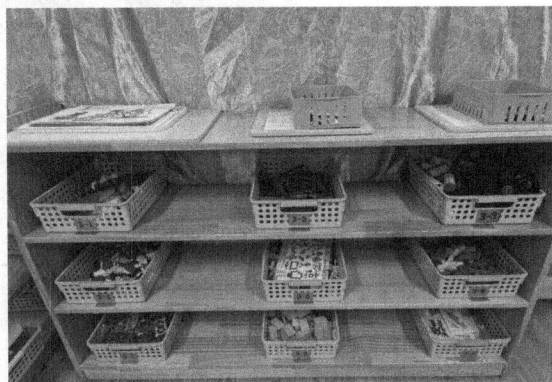

图 1-3-7 玩具柜的摆放

（2）玩教具的摆放标准如图 1-3-8 所示。

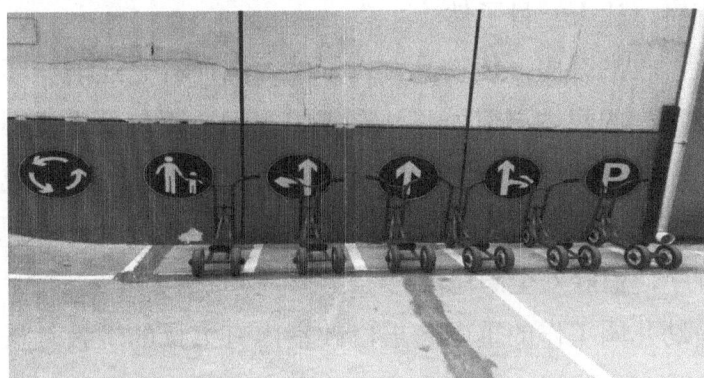

图 1-3-8 玩教具的摆放

（3）幼儿用品、材料的摆放标准如图 1-3-9 所示。

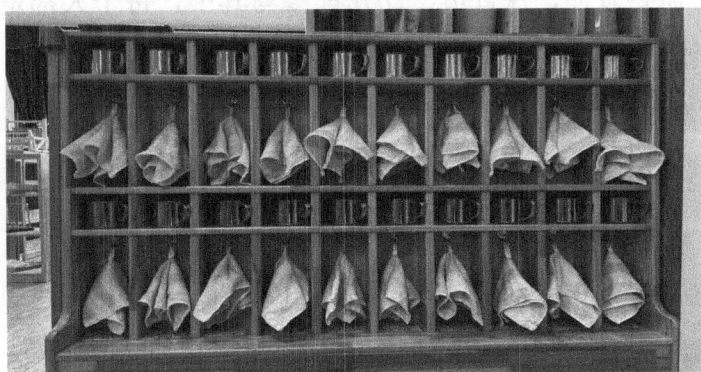

图 1-3-9 幼儿用品的摆放

（4）清洁、消毒用品的摆放标准如图 1-3-10 所示。

图 1-3-10　清洁、消毒用品的摆放

物品进行标签管理的好处

（1）环境整洁有序，让人一目了然

所有的物品摆放、收纳有序，使物品一目了然，久而久之还能让环境中的成人和幼儿自觉养成规则意识及良好的收纳习惯。整洁有序的空间，不仅让人赏心悦目，更能发挥育人的功能，幼儿在有序的空间中情绪更稳定，注意力更集中，更易养成规则意识，提升收整物品的能力。

（2）物品放置有序，消除安全隐患

安全工作一直是幼儿园工作的重中之重，教室内有大量的玩教具材料，若任其随意摆放，会给环境空间造成安全隐患。厨房、库房、配电室等安全重地更是如此。因此，必须将物品有序放置，消除安全隐患，给幼儿提供一个安全有序的空间。

（3）环境明亮整洁，让人心情愉快

明亮整洁的环境需要教师、保育员、幼儿都参与其中，每个人都是幼儿园的主人，每个人都能在整洁有序的环境中心情愉快，也容易获得归属感和成就感。

学习总结

1. 个人复盘
请使用思维导图的形式，对本活动内容进行梳理。

2. 小组复盘
请与小组成员一起学习《保育员职业守则》，并将学习感受记录下来。

学习测试

1. 单选题

（1）（ ）是对保育员的第一要求。

A. 和蔼、亲切 B. 健康、乐观

C. 耐心、细致 D. 公平、公正

（2）（ ）是保育员应该遵守的基本道德准则，也是保育员做好本职工作的基本前提。

A. 热爱婴幼儿 B. 热爱学前教育事业

B. 热爱保育员工作 D. 热爱学前教育机构

（3）保育员热爱幼儿，不是出于个人情绪的偏爱，不是自然地爱，而是理智地爱，即（ ）。

A. 公平爱 B. 教育爱 C. 平等爱 D. 公正爱

（4）个体往往需要通过职业活动完成自身的（ ），从而承担起社会、家庭和个人的责任。

A. 社会化 B. 职业化 C. 角色化 D. 成熟化

（5）保育员在工作时，要做好两件事，一是培养婴幼儿的道德品质，二是（ ）。

A. 增强婴幼儿的道德意识 B. 落实婴幼儿的道德行为

B. 培养婴幼儿的道德情感 D. 提高婴幼儿的道德水平

2. 判断题

（1）保育员的教育行为一般来说是科学的、系统的、有目的性的，而家长的教育行为则是经验性的、随机的。　　　　　　　　　　　　　　　　（　　）

（2）保育员的职业道德行为并不是经过培养和训练而成的，而是与生俱来的。　（　　）

（3）只有将职业视为谋生手段的人，才能对职业活动充满热情。　　　（　　）

（4）教学工作是教师的事，与保育员无关。　　　　　　　　　　　（　　）

（5）保育员的道德素养能够影响幼儿的一生。　　　　　　　　　　（　　）

3. 简答题

（1）请简述微笑的作用。

（2）请简述正确的坐姿是怎样的。

（3）请简述保育员的工作内容及职责。

（4）请简述保育员进行物品管理的基本要求。

学习评价

学生姓名：　　　　　　　　评价内容：认识保育　　　　　　　班级：

学习任务	自我评价			小组评价			教师评价		
	1～5	5.1～8	8.1～10	1～5	5.1～8	8.1～10	1～5	5.1～8	8.1～10
	总占比 30%			总占比 30%			总占比 40%		
活动1完成情况									
活动2完成情况									
活动3完成情况									
活动4完成情况									
出勤									
纪律									
学习态度									
表达能力									
合作能力									
问题回答									
创新能力									
小计									
总评									

综合评语	自我评价
	小组评价
	教师评价

　　　　　　　　　　　　　　　任课教师：　　　　日期：

模块二

生活保育

在幼儿园中，关于幼儿的保育始终存在，而生活保育是保育工作中重要的内容，生活保育的主要任务是培养幼儿良好的进餐、睡眠、盥洗等生活、卫生习惯，同时引导幼儿学会如何与教师、同伴友好相处，并让幼儿体会到在幼儿园的生活是快乐的。

本模块主要对保育员生活保育的清洁、消毒技能，晨间准备、晨间接待，盥洗、进餐、如厕、喝水、午睡、离园等学习任务进行系统的展示，帮助学生掌握生活中各个环节的保育工作流程和要求，使他们能够胜任保育员的工作。在每一个学习任务中，不仅要学习相应的知识，更要在保育工作中研究幼儿，思考保育工作的价值，采用多种形式的学习方式，为成为一名具备保育能力的优秀教师打下良好的基础。

学习任务一　活动室的清洁

学习目标

1. 掌握清洁活动室的工作流程。
2. 掌握清洁活动室的操作规范。

学习准备

1. 材料准备：活动室专用干抹布、半干抹布、湿抹布各一块，干拖布、湿拖布各一把，鸡毛掸子、水盆、水桶、洗涤剂、酒精、棉棒等清洁工具。
2. 环境准备：模拟活动室。
3. 资料准备：活动室的清洁示范视频。

学习活动

活动1　清洁活动室

什么是清洁？活动室里有桌椅、灯具、门窗、玩具柜，按照什么样的顺序进行清洁是合理的呢？清洁时的要求有哪些？请把思考的结果写下来，再对照知识链接看看自己的思考是否全面、合理。

知识链接

1. 清洁的定义：用物理方法清除物体表面的污垢、尘埃和有机物。

2. 清洁活动室的工作程序：

开窗通风—擦拭灯具—清洁墙壁—擦拭门—擦拭窗—清洁玩具柜—擦拭桌椅—清洁地面—物品摆放—清洁抹布、拖把。

3. 清洁活动室的要求：

（1）按照从上到下、从左到右、从里到外的顺序进行清洁。

（2）清洁后窗户明净、墙面无尘土、地面整洁无污物。

（3）清洁后室内物品摆放整齐、有序。

活动 2 模拟进行活动室的清洁工作

请使用准备好的清洁工具，模拟进行班级清洁工作，将操作规范写下来，再将操作的过程拍摄下来，然后对照知识链接内容查看操作是否符合规范。

（1）概括写下清洁教室的操作规范

（2）记录模拟操作后的感受

⛓ 知识链接 ▬▬▬▬▬▬▬▬▬

⌒⌒⤳ 清洁活动室的工作程序 ⤶⌒⌒

步骤 1：开窗通风

在进行全面的清洁工作前，保育员应先将活动室的窗户打开，保持室内外空气流通，避免室内空气浮沉造成污染，如图 2-1-1 所示。

步骤 2：擦拭灯具

（1）用鸡毛掸子掸掉灯管及灯盒上的灰尘。

（2）用干抹布擦拭灯管、灯罩和开关，如图 2-1-2 所示。消毒灯管要用酒精棉棒擦拭，注意避免灰尘进入眼睛。灯管可每月清洁一次，每周消毒一次。

图 2-1-1　开窗通风

图 2-1-2　擦拭灯具

步骤 3：清洁墙壁

（1）用鸡毛掸子掸掉墙壁及墙饰上的灰尘。

图 2-1-3　擦拭门

（2）用干净的湿抹布擦拭瓷砖围墙，确保无污渍、墙面光洁。墙壁可每周清洁一次。

步骤 4：擦拭门

（1）从上到下，用干净的半干抹布擦拭门框和门边棱。

（2）从上到下，用干净的半干抹布擦拭门主体部分的正反两面。

（3）用干净的湿抹布擦拭门把手后，用清洁剂彻底擦拭有污渍的地方，再用半干抹布擦拭门把手，门把手要做到经常擦拭，如图 2-1-3 所示。

步骤 5：擦拭窗户

（1）用鸡毛掸子从上至下清扫纱窗，使之无灰尘。若灰尘太多，可先用湿抹布擦拭或将纱窗卸下用流动水清洗。

（2）用干净的湿抹布和干抹布交替从上到下擦拭玻璃的正反两面，或使用专门的擦玻璃工具彻底擦拭，使之无灰尘、无擦痕，如图2-1-4所示。

（3）用干净的湿抹布分别擦拭窗棂、窗台。纱窗、窗棂、玻璃每周清洁一次，窗台每天清洁一次。

步骤6：清洁玩具柜

（1）将玩具柜中的物品逐个取出，用半干抹布进行擦拭。

（2）用干净的抹布擦拭玩具柜的里层和外层，如图2-1-5所示。

（3）玩具柜每日擦拭一次。

图2-1-4　擦拭窗户

图2-1-5　清洁玩具柜

步骤7：擦拭桌椅

（1）每次餐前、餐后和每次桌面活动后使用半干抹布"Z"字形擦拭桌面，如图2-1-6所示。

（2）每周一次使用清洁剂擦拭桌椅的棱角、桌椅腿部。

步骤8：清洁地面

（1）将扫帚压住，从里向外按顺序清扫地面，并将垃圾收集起来。

（2）用半干的拖布从活动室的里面向门口倒退着从左向右横拖，同时注意不断清洗拖把，保持拖把的清洁，如图2-1-7所示。

（3）将桌椅、玩具柜等挪开，用半干的拖布清洁桌椅和玩具柜下的地面。

（4）每日餐后或者地面有垃圾时随时清洁。

步骤9：物品摆放

（1）设施设备、物品全部清洁后，将活动室内各类物品摆放整齐，如图2-1-8所示。

（2）建议每天都坚持摆放好物品，以培养幼儿良好的生活习惯。

步骤10：清洁抹布、拖布

抹布、拖布不能混用，每次用完随时清洁，清洁后分类悬挂、晾干，如图2-1-9所示。

图 2-1-6　擦拭桌椅

图 2-1-7　清洁地面

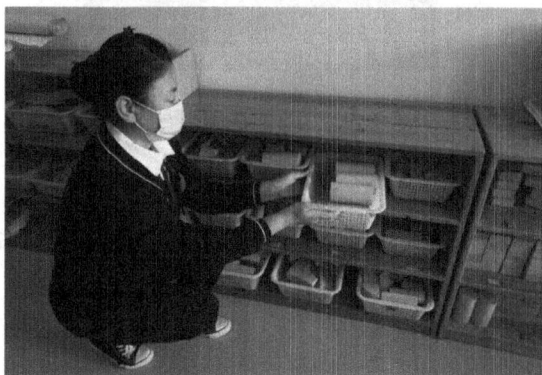

图 2-1-8　物品摆放

图 2-1-9　清洁拖布

活动 3　你会怎么做？

该不该这时候拖地？

某幼儿园要迎接上级主管部门的督导检查、卫生保洁工作理所当然被列为重点工作之一。迎接督导前一天，园领导对全园各班的卫生工作进行了大检查，园长对各班的卫生状况表示满意，并叮嘱大家迎查当天一定注意保持好各方面卫生。

年轻的小王刚刚担任保育员一年，她不但热爱幼儿，且工作热情高、工作细致认真，卫生流动红旗前几天又一次挂在了她所在的班级。迎查当天的上午户外活动即将结束时，小王陪一名幼儿去班里的卫生间小便，她看到地面上有不少凌乱的脚印，使整个活动室看起来颇显脏乱。眼看领导就走到自己班里了，又抬眼看到鲜艳的卫生流动红旗，小王忘记了幼儿园平时的规定：不在幼儿室内集体活动前用湿拖把拖地。她拿起湿拖把三下五除二把教室里的地拖了，自己看着满意后，才带着幼儿出去。

约 3 分钟后，教师和小朋友们从户外活动回来，未注意到地面依旧湿滑的陶陶小朋友在搬椅子时不慎滑倒，嘴磕在椅子上，鲜血直流，被送医进行治疗。事后，幼儿园对事故进行了调查与分析，针对此事对小王进行了批评教育。小王不服气，生气地说："要在平时，我才不在那个时间拖地，我还不是为幼儿园和班里的荣誉，真倒霉！都是督导惹的祸！"

（案例节选自《保育员职业资格培训教程》）

请组内共同讨论以下问题：

（1）小王的牢骚有道理吗？园长该不该批评小王？如果是你，你会怎样做？

（2）卫生清洁工作的最终目的是什么？在平时的卫生清洁工作中我们应该注意什么？

知识链接

案例点评

在本案例中，有一年工作经验的小王虽然工作热情高、积极上进，她的牢骚听起来也好像有理。但是，由于她自身对幼儿园卫生清洁工作的真正目的缺乏深入认识，轻视幼儿园卫生清洁规定才造成了此次事故。所以，园长的批评是应该的。但园长在批评小王的同时，也应该反思，在幼儿园管理工作中，对保育员队伍的培训到底该如何开展。幼儿园日常卫生工作检查标准规定"不在幼儿室内集体活动前用湿拖把拖地"，从这一规定中我们可以看出，幼儿园在注重卫生清洁工作的同时也非常注重幼儿的安全工作。如此细致的规定应该组织保育员进行学习讨论，"为什么要进行这样的规定？""如果不这样执行又会产生什么样的后果？"如果园长在管理工作中做到了先培训再执行，出现这种事故的概率就会大大降低。此案例告诉我们，在做卫生清洁工作、执行幼儿园卫生清洁制度的同时，我们要深入理解那些看似烦琐的规定背后的内在动机。不仅知其然，还要做到知其所以然，这样，才能做好卫生清洁工作。

清洁活动室注意事项

1．在清洁过程中避免地面太湿使幼儿滑倒。
2．在清洁过程中动作要轻，避免干扰正常教学及游戏活动。
3．注意清洁墙角、玩具柜下等死角位置。

学习总结

1．个人复盘
请使用思维导图的形式，对本活动的学习内容进行梳理。
2．小组复盘
小组成员一起以查阅书籍、网络搜索的形式，查找病毒和细菌、除四害的相关知识，了解这些知识，把资料整理出来，小组成员共同交流、学习这些知识与清洁工作的关系。

学习测试

1．请写出清洁活动室的工作程序。
2．请简述活动室门窗和地面的清洁规范。
3．请简述清洁活动室的要求。

学习评价

学生姓名：　　　　　　　　　评价内容：活动室的清洁　　　　　　　　　班级：

学习任务	自我评价			小组评价			教师评价		
	1～5	5.1～8	8.1～10	1～5	5.1～8	8.1～10	1～5	5.1～8	8.1～10
	总占比 30%			总占比 30%			总占比 40%		
活动 1 完成情况									
活动 2 完成情况									
活动 3 完成情况									
出勤									
纪律									
学习态度									
表达能力									
合作能力									
问题回答									
创新能力									
小计									
总评									

综合评语	自我评价
	小组评价
	教师评价

任课教师：　　　　　　　日期：

学习任务二　睡眠室的清洁

学习目标

1. 掌握睡眠室的清洁流程。
2. 掌握清洁睡眠室的操作要求。

学习准备

1. 材料准备：睡眠室专用干抹布、半干抹布、湿抹布各一块，干拖布、湿拖布各一把，水盆，洗涤剂，酒精，棉棒等清洁工具。
2. 环境准备：模拟睡眠室。
3. 资料准备：睡眠室的清洁示范视频。

学习活动

活动1　开窗通风对幼儿身体健康的重要性

请思考：在进行清洁工作前，为什么要开窗通风呢？请将你思考的结果写下来。

开窗通风的重要性

知识链接

— 清洁前的通风工作非常重要，开窗通风的重要性体现在如下方面 —

第一，满足婴幼儿对氧气的需要。

婴幼儿呼吸道的绝大多数器官如鼻、咽喉、气管、支气管都是呼吸的无效空间，无法进行气体交换。婴幼儿吸入的气体中只有一小部分进入肺，进行气体交换。婴幼儿的呼吸机能不完善、肺泡小，真正进行交换的气体十分有限。但婴幼儿处于生长发育最为旺盛的时期，大脑对氧气的需求量很大，缺氧会对脑的发育产生严重的影响，这就要求婴幼儿的生活空间空气清洁，氧气含量大。而托幼机构中婴幼儿数量多，生活空间有限，室内耗氧量大，二氧化碳增加速度快。加之皮肤器官等发出的不良气味，活动场所的空气会变得污浊不堪。开窗通风可有效保证室内空气的对流，满足婴幼儿对氧气的需要。

第二，保持空气新鲜，有效减少致病微生物。

在通风不良、阳光照射不足的情况下，许多致病微生物可较长时间在室内生存并保持致病性。因此，在活动室空间有限、婴幼儿接触密切的情况下，室内空气污浊常可造成疾病的传播，尤其是流感等呼吸道传染病更为明显。因此，开窗通风可以降低空气中致病微生物的浓度，新鲜空气对致病微生物具有一定的杀伤力。

活动 2 睡眠室清洁的工作程序及要求

依据活动室的清洁流程的操作经验，想一想清洁睡眠室的流程应该是怎样的？要求有哪些？

概括睡眠室清洁的流程及要求

知识链接

睡眠室清洁的工作程序

开窗通风—清洁窗帘—擦拭灯具—清洁墙壁—擦拭门—擦拭窗—整理床铺—清洁地面—洗刷拖鞋。

睡眠室清洁的要求

1. 窗帘整洁，墙面无尘土，地面干净无污物。
2. 室内床铺整洁、摆放距离适中。

活动 3 模拟进行睡眠室清洁的步骤

请你使用准备好的材料和工具进行模拟操作，并将操纵的过程拍摄下来，再对照知识链接内容自查操作是否正确，最后，写一写你的感受。

我的感受

![知识链接]

知识链接

⌇ 睡眠室清洁的工作步骤 ⌇

步骤 1：开窗通风

步骤 2：清洗窗帘

（1）将窗帘取下，先全面浸泡，再用洗涤剂重点清洗油污处。

（2）完全冲洗干净后拧干，在太阳下暴晒、晾干后原位悬挂。

（3）窗帘每月清洗一次。

步骤 3：擦拭灯具

步骤 4：清洁墙壁

步骤 5：擦拭门

步骤 6：擦拭窗

步骤 7：整理床铺

（1）按照从上到下的顺序用半干的干净抹布擦拭床头、床栏、床框、床腿。

（2）将床单、褥子铺平并清扫铺面，如图 2-2-1 所示。

（3）将被子叠放整齐，并将床铺有序摆放，如图 2-2-2 所示。

（4）床铺每天清洁。幼儿床上被罩、床单、枕套每两周带回家清洗一次。幼儿拖鞋也一周带回家清洗一次。

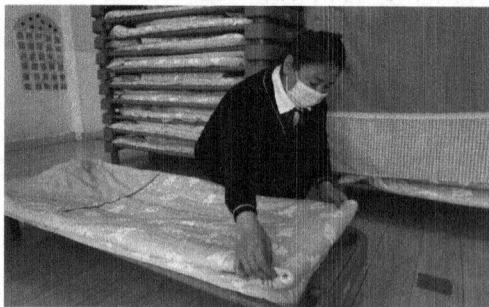

图 2-2-1　床单、褥子铺平

图 2-2-2　被子叠放整齐

活动 4 睡眠室清洁的注意事项

请与小组成员一起，根据活动 3 进行模拟操作，探讨并写一写在对睡眠室进行清洁工作时的注意事项。

知识链接

清洁睡眠室的注意事项

1. 选择幼儿不在睡眠室的时间进行清洁，如幼儿在睡眠时，清洁的动作要轻。
2. 清洁过程中注意不要使地面太干而扬尘，也不要造成地面湿滑。
3. 床上用品和拖鞋的清洁工作可请家长在周末协助进行。

学习总结

1. 个人复盘

请使用思维导图的形式，对本活动的学习内容进行梳理。

2. 小组复盘

小组成员复习模拟进行幼儿床铺的清洁工作。

学习测试

1. 请简述睡眠室的清洁工作流程。
2. 请简述开窗通风对幼儿健康的重要意义。
3. 请简述睡眠室清洁的注意事项。

学习评价

学生姓名：　　　　　　　　评价内容：睡眠室的清洁　　　　　　　　班级：

学习任务	自我评价			小组评价			教师评价		
	1～5	5.1～8	8.1～10	1～5	5.1～8	8.1～10	1～5	5.1～8	8.1～10
	总占比 30%			总占比 30%			总占比 40%		
活动1 完成情况									
活动2 完成情况									
活动3 完成情况									
活动4 完成情况									
出勤									
纪律									
学习态度									
表达能力									
合作能力									
问题回答									
创新能力									
小计									
总评									

综合评语	自我评价
	小组评价
	教师评价

任课教师：　　　　　　　　日期：

学习任务三　盥洗室的清洁

学习目标

1. 掌握盥洗室清洁的工作流程。
2. 掌握盥洗室清洁的操作方法。

学习准备

1. 材料准备：清洁抹布（2 块）、拖把、水盆、水桶、去污粉、刷子、橡胶手套等清洁工具。
2. 环境准备：模拟盥洗室。
3. 资料准备：盥洗室的清洁示范视频。

学习活动

活动1　盥洗室的清洁程序及要求

请结合活动室、睡眠室的清洁内容，思考对盥洗室进行清洁时，清洁程序是怎样的，工作要求是什么。并把你思考的结果写下来。

盥洗室清洁的程序

盥洗室清洁的工作要求

🔗 **知识链接**

◢═ **盥洗室的清洁程序** ═◣

开窗通风—擦拭灯具—清洁墙壁—擦拭门—擦拭窗—清洁保温桶—清洁水杯—清洁毛巾—清洁水池—清洗便池—准备香皂（洗手液）、卫生纸—清洁地面—垃圾处理—清洁双手。

◢═ **盥洗室清洁的工作要求** ═◣

第一，地面无污渍、无积水；水池整齐干净，下水管处无污物；便池及时冲洗，无尿碱、无臭味、无蚊蝇。

第二，门窗、灯具、水杯、保温桶、水杯架等清洁干净，香皂（洗手液）、卫生纸摆放及时，室内无垃圾堆放。

第三，室内各种用具、设备在婴幼儿离园后每天清洁一次。

活动 2　模拟盥洗室的清洁工作

请小组共同讨论盥洗室清洁的步骤。使用准备的材料和工具，在模拟的盥洗室内进行清洁工作，并把清洁的过程拍摄下来。结合知识链接的内容看看自己的操作是否规范。

🔗 **知识链接**

◢═ **盥洗室清洁的步骤** ═◣

（注：开窗通风、擦拭灯具、清洁墙壁、擦拭门、擦拭窗、清洁地面这几个操作内容与清洁活动室要求相同，此处不再赘述。）

步骤 1：开窗通风

步骤 2：擦拭灯具

步骤 3：清洁墙壁

步骤 4：擦拭门

步骤 5：擦拭窗

步骤 6：清洁保温桶

（1）每天早晨将保温桶中的剩水倒掉，如图 2-3-1 所示。

（2）用清洁保温桶的专用清洁布按照桶口—桶内壁—桶底—桶盖内侧—桶盖外侧—桶外壁—桶外底的顺序依次擦拭，从内向外将水桶冲洗干净。如图 2-3-2 和图 2-3-3 所示。

（3）用专用清洁布重点擦洗保温桶的水龙头并打开水龙头，使水流出。

（4）关上水龙头，倒适量的开水（大约占保温桶的三分之一），盖上盖子然后用力地左右晃动保温桶，使开水接触到桶内壁的每个角落，最后打开水龙头，让开水冲洗出水口。

图 2-3-1 保温桶剩水倒掉　　　图 2-3-2 擦拭桶外壁　　　图 2-3-3 擦拭桶外底

步骤 7：清洁水杯

（1）用清水冲洗水杯，然后用清洁水杯的专用抹布借助洗洁精擦洗水杯内外，再用清水冲洗干净，杯口朝下放置在待消毒的容器中。

（2）在消毒柜高温消毒后按照幼儿学号或名字摆放在清洁后的水杯架上。注意：从消毒柜取水杯和摆放水杯时，手不碰杯口，杯柄朝外，杯口朝上，如图 2-3-4 和图 2-3-5 所示。

图 2-3-4 清洁水杯　　　　　　图 2-3-5 摆放水杯

步骤 8：清洁毛巾

（1）先把毛巾放入温水中浸泡 30 分钟，用肥皂搓洗后用开水烫洗，再在水龙头下逐一冲洗干净，在阳光下晒干，最后按照幼儿学号或名字挂放整齐（如图 2-3-6 所示）。

（2）如果在洗衣机内清洗，注意洗衣机的使用安全。

步骤9：清洁水池

（1）将水池内的污物捡拾干净。

（2）使用清洁水池的专用清洁布蘸去污粉擦拭水池，将水池中的油污、水渍、污物彻底清除掉。

（3）用清水冲洗水池，做到水池光滑、无污物、无异味，如图2-3-7所示。

图2-3-6　清洁毛巾

图2-3-7　清洁水池

步骤10：清洗便池

（1）使用洁厕灵浸泡便池20分钟。

（2）用专用刷子彻底刷洗便池池底、两侧、拐角和下水道口等部位。

（3）用清水将便池冲洗干净。

（4）使用完便池应立即进行清洗。注意洁厕灵与消毒液不可同时使用，如图2-3-8和图2-3-9所示。

图2-3-8　清洗马桶

图2-3-9　清洗便池

步骤11：准备香皂（洗手液）、卫生纸

（1）在每个水龙头下方相应的香皂盒内放入一块香皂或放置洗手液。

（2）将卫生纸放置在幼儿易于发现和拿取的地方，并在使用完毕后随时补充，如图 2-3-10 所示。

图 2-3-10 准备香皂（洗手液）

步骤 12：清洁地面

步骤 13：垃圾处理

（1）室内要有带盖密封的垃圾桶。

（2）垃圾定时处理，杜绝垃圾在室内过夜。

（3）垃圾桶每日彻底清洗一次。

步骤 14：清洁双手

（1）在水龙头下用清水冲洗双手。

（2）使用香皂或洗手液后，按照七步洗手法洗干净双手。

（3）用毛巾或纸巾彻底擦干双手。

（4）在清洁杯具、餐具前，及打扫卫生后及时清洁双手，如图 2-3-11 所示。

图 2-3-11 清洁双手

活动 3 盥洗室清洁工作的注意事项

在进行模拟操作后，请认真想一想盥洗室清洁工作都要注意哪些事项。

盥洗室清洁工作的注意事项

🔗 **知识链接**

〜〜 盥洗室清洁工作的注意事项 〜〜

1. 保持盥洗室的通风，防止细菌和微生物滋生。

2. 幼儿如厕后要及时冲洗厕所。

3. 保育教师要在清洁双手后再摆放水杯、毛巾、香皂、卫生纸等相关物品，避免二次污染。

📜 **学习总结**

1. 个人复盘

请使用思维导图的形式，对本活动内容进行梳理。

2. 小组复盘

请与小组成员一起到幼儿园实际工作场景中进行观摩，了解保育员对活动室、睡眠室及盥洗室的清洁工作。

✏️ **学习测试**

1. 请写一写清洁盥洗室的工作步骤。

2. 请写一写清洁保温桶的工作内容。

3. 请写一写清洁水池的工作内容。

学习评价

学生姓名：				评价内容：盥洗室的清洁				班级：	

学习任务	自我评价			小组评价			教师评价		
	1～5	5.1～8	8.1～10	1～5	5.1～8	8.1～10	1～5	5.1～8	8.1～10
	总占比 30%			总占比 30%			总占比 40%		
活动 1 完成情况									
活动 2 完成情况									
活动 3 完成情况									
出勤									
纪律									
学习态度									
表达能力									
合作能力									
问题回答									
创新能力									
小计									
总评									

综合评语	自我评价
	小组评价
	教师评价

	任课教师：	日期：

学习任务四　消毒液的配比

学习目标

1. 掌握消毒的基本知识。
2. 掌握常用浓度配制方法并能熟练进行消毒操作。

学习准备

1. 资料准备：消毒液配比操作视频。
2. 材料准备：消毒液、水、水盆、橡胶手套。

学习活动

活动1　"消毒"知多少

请小组采用多种形式讨论，了解什么是消毒，什么是预防性消毒和疫源地消毒。了解什么是隔离。掌握幼儿园常用的消毒种类。把小组讨论的结果写下来。

消毒的概念

预防性消毒的概念

疫源地消毒的概念

隔离的概念

幼儿园常用的消毒种类

🔗 **知识链接**

～ᴈ **消毒的基本知识** ᴈ～

（1）消毒是指杀灭或清除户外环境中传播媒介物上的病原微生物及其他有害微生物，并将其进行无害化处理。

（2）隔离是指对传染病患者及密切接触者进行的隔离检疫或者治疗。

（3）疫源地是指传染源及其排出的病原体向四周播散所波及的范围，即可能发生新病例或新感染的范围。

（4）预防性消毒是指无明确传染源存在，或无已知社会上正在流行的传染病，而对可能受到病原体污染的环境、物品进行的消毒措施。

（5）化学消毒是指用化学消毒药物作用于微生物和病原体，使其蛋白质变性，失去正常功能而死亡的消毒措施。

（6）物理消毒是指通过机械（如流动水冲洗）、热、光、电、微波和辐射（如射线）等物理学手段对某些污染物品进行消毒的措施。

（7）随时消毒是指有传染源存在时对其排出的病原体可能污染的环境和物品及时进行

的消毒。

（8）终末消毒是指传染源离开疫源地后所进行的彻底消毒。

幼儿园常用的消毒种类

（1）物理消毒是指空气净化、机械消毒、日晒消毒和紫外线消毒。

（2）化学消毒是指 84 消毒液、酒精和含氯消毒剂。幼儿园常用的消毒剂主要是 84 消毒液和健之素消毒片。

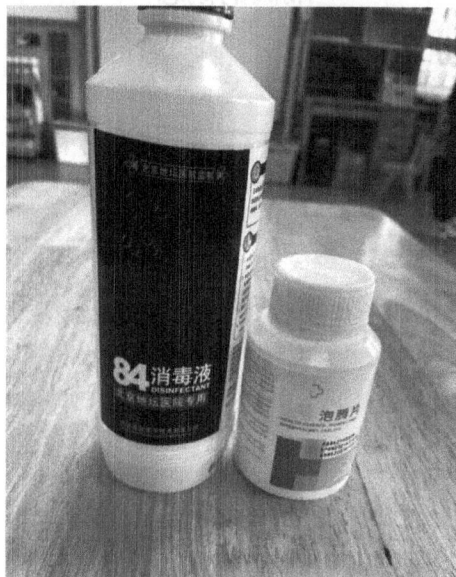

图 2-4-1　84 消毒液和健之素消毒片

活动 2　消毒液的配制操作

小组成员，两人为一组进行活动。

第一，先讨论确定消毒液的浓度如何配制。

第二，戴上橡胶手套，使用消毒液、水、水盆进行消毒液的配制、调整消毒液浓度的操作，一人操作，一人观察，然后交换。

第三，操作结束后相互说一说消毒液的配制是否正确。

🔗 知识链接

消毒液配制计算公式（只需了解，无须掌握）

计算公式：$N_1 \times V_1 = N_2 \times (V_1 + V_2)$，$N_1$ 为消毒液原液的浓度，V_1 为消毒液原液的体积，N_2 为经配制后所获取的消毒液的浓度，V_2 为需加入水的体积。公式换算后得出 $V_2/V_1 = (N_1/N_2) - 1$。配制方法举例：某含氯消毒液，有效氯浓度为 5%～6%（1%=10000mg/L），现配制有效氯浓度为 5000mg/L 的含氯消毒液。根据公式 $V_2/V_1=(N_1/N_2)-1$，得出 $V_2/V_1=$ 50000/5000-1=9，即 1 份消毒液，加入 9 份水，混匀。

常用浓度配制方法

消毒剂种类	有效氯含量或浓度	配制消毒液浓度	消毒剂：水
84 消毒液	5%～6%	10000mg/L	1:4
		5000mg/L	1:9
		1000mg/L	1:49
		500mg/L	1:99
		250mg/L	1:199
健之素消毒片	250mg/片	10000mg/L	40 片:1L
		5000mg/L	20 片:1L
		1000mg/L	4 片:1L
		500mg/L	2 片:1L
		250mg/L	1 片:1L

注：使用时请查看产品说明书，如有效氯浓度与表格中不符，请依据公式进行计算。

消毒液的配制操作要求

（1）先使用消毒液与水进行浓度为 250mg/L，500mg/L，1000mg/L，5000mg/L，10000mg/L 的配制。

（2）再使用健之素消毒片与水进行浓度为 250mg/L，500mg/L，1000mg/L，5000mg/L，10000mg/L 的配制。

活动 3　进行消毒液配制时的注意事项

小组内讨论：在进行化学消毒液的浓度配比时，都要注意哪些事项呢？
请把讨论结果记录下来。

消毒液配制注意事项

🔗 **知识链接**

⌘ **进行消毒液配制时的注意事项** ⌘

1. 消毒液和消毒片要放置到幼儿接触不到的地方。

2. 配制消毒液前要先查看消毒液的有效氯浓度。

3. 保育教师在使用各种消毒剂前应仔细阅读产品的使用说明。

4. 保育教师在使用消毒原液前，应随时查看产品的生产日期，确定产品的生产日期在有效期内。

5. 保育教师在使用消毒液过程中注意佩戴胶皮手套，防止消毒液腐蚀皮肤。

🏅 **学习总结**

1. 个人复盘

请将本活动学习内容以思维导图的形式进行梳理。

2. 小组复盘

一起复习操作 84 消毒液和健之素消毒片的不同浓度的配制。

📐 **学习测试**

1. 判断题

（1）消毒是指杀灭或去除外环境中各种病原微生物的过程。　　　　　　　（　　）

（2）幼儿园常用的消毒种类有物理消毒和化学消毒。　　　　　　　　　　（　　）

（3）化学消毒就是指 84 消毒液。　　　　　　　　　　　　　　　　　　（　　）

（4）在使用消毒剂时，需查看产品说明书并查看有效氯浓度。　　　　　　（　　）

（5）发生传染病疫情时，要立即对污染物及场所开展消毒。　　　　　　　（　　）

2. 简答题

请简述消毒、隔离、物理消毒和化学消毒的概念。

学习评价

学生姓名：　　　　　　　　　　评价内容：消毒液的配比　　　　　　　　　班级：

学习任务	自我评价			小组评价			教师评价		
	1～5	5.1～8	8.1～10	1～5	5.1～8	8.1～10	1～5	5.1～8	8.1～10
	总占比 30%			总占比 30%			总占比 40%		
活动 1 完成情况									
活动 2 完成情况									
活动 3 完成情况									
活动 4 完成情况									
出勤									
纪律									
学习态度									
表达能力									
合作能力									
问题回答									
创新能力									
小计									
总评									

综合评语	自我评价
	小组评价
	教师评价

任课教师：　　　　　　　　日期：

学习任务五　不同消毒对象的消毒方法

学习目标

1. 掌握不同消毒对象的消毒方法。
2. 掌握每日针对不同消毒对象的消毒次数。

学习准备

1. 资料准备：不同消毒对象的消毒操作方法。
2. 物品准备：量杯、消毒液、水、橡胶手套、水盆、毛巾类织物、幼儿水杯、床、桌椅、保温桶、玩具、图书、坐便器等。

学习活动

活动1　不同消毒对象的消毒方法

请小组讨论，在进行消毒工作时，都需要对哪些对象进行消毒？不同的消毒对象都需要使用哪些消毒方法呢？请把讨论结果记录下来，如表2-5-1所示。

表2-5-1　不同消毒对象的消毒方法

消毒对象	消毒方法

知识链接

不同消毒对象及消毒方法

（1）消毒对象：空气。

消毒方法：每天至少两次开窗通风，每次至少 10～15 分钟，在外界温度适宜、空气质量较好、保障安全的条件下应采取持续开窗通风的方式；不具备开窗通风条件时，可采用紫外线杀菌灯照射消毒（1.5W/m^3），每日一次，每次持续照射时间 30 分钟（在无人情况下应使用无臭氧式灯管）。

（2）消毒对象：餐具、炊具、水杯。

消毒方法：煮沸消毒 15 分钟或蒸汽消毒 10 分钟。食具必须先清洗干净后再进行消毒。煮沸消毒时，被煮物品应全部浸没在水中；蒸汽消毒时，被蒸物品应疏松放置，水沸后开始计时。使用餐具消毒柜、消毒碗柜消毒时，应选择符合国家标准规定的产品，按产品说明使用（注意保洁柜无消毒作用，不得用保洁柜代替消毒柜进行消毒）。

（3）消毒对象：餐桌、床围栏、门把手、水龙头等物体表面。

消毒方法：使用有效氯浓度为 250mg/L 的含氯消毒剂（配制方法举例：某含氯消毒液，有效氯含量为 5%～6%，配制时取 1 份消毒液，加入 199 份水），表面擦拭、冲洗消毒 10～30 分钟。餐桌消毒后要用生活饮用水将残留消毒剂擦净，家具等物体表面消毒后可用生活饮用水将残留消毒剂去除。

（4）消毒对象：毛巾类织物。

消毒方法：用洗涤剂清洗干净后，置阳光直接照射下暴晒干燥，暴晒时不得相互叠夹，暴晒时间不低于 6 小时。煮沸消毒 15 分钟或蒸汽消毒 10 分钟；煮沸消毒时，被煮物品应全部浸没在水中；蒸汽消毒时，被蒸物品应疏松放置。使用有效氯浓度为 250mg/L 的含氯消毒剂，浸泡消毒 10～30 分钟，消毒时将织物全部浸没在消毒液中，消毒后用生活饮用水将残留消毒剂冲净。

（5）消毒对象：抹布。

消毒方法：煮沸消毒 15 分钟或蒸汽消毒 10 分钟；煮沸消毒时，抹布应全部浸没在水中；蒸汽消毒时，抹布应疏松放置。使用有效氯浓度为 500mg/L 的含氯消毒剂（配制方法举例：某含氯消毒液，有效氯浓度为 5%～6%，配制时取 1 份消毒液，加入 99 份水），浸泡消毒 10～30 分钟；消毒时将抹布全部浸没在消毒液中，消毒后可直接控干或晾干存放；或用生活饮用水将残留消毒剂冲净后控干或晾干存放。

（6）消毒对象：玩具、图书。

消毒方法：不能湿式擦拭、清洗的物品，每两周至少通风晾晒一次；暴晒时不得相互叠夹，暴晒时间不低于 6 小时。使用有效氯浓度为 250mg/L 的含氯消毒剂，表面擦拭、浸泡消毒 10～30 分钟，消毒后用生活饮用水去除残留消毒剂。根据污染情况，每周至少消毒一次。

（7）消毒对象：便盆、坐便器与皮肤接触部位、盛装吐泻物容器。

消毒方法：使用有效氯浓度为 500mg/L 的含氯消毒剂，浸泡或擦拭消毒 10～30 分钟，必须先清洗，后消毒。浸泡消毒时将便盆全部浸没在消毒液中。消毒后用生活饮用水将残留消毒剂冲净，再控干或晾干存放。

（8）消毒对象：体温计。

消毒方法：使用 75% 乙醇溶液，浸泡消毒 3～5 分钟。

（9）消毒对象：手。

消毒方法：肥皂、流动水洗手，也可使用手部消毒剂。

活动 2　对不同的消毒对象进行消毒操作

请与小组成员一起，每人先复述一下活动 1 中 9 种消毒对象的消毒方法。然后依次对幼儿毛巾、水杯、桌子、水龙头、玩具、坐便器进行消毒。并相互评价操作是否正确，操作至熟练为止。

知识链接

➤ 幼儿毛巾、水杯、桌子、水龙头、玩具、坐便器等消毒操作流程如表 2-5-2、表 2-5-3 所示。

表 2-5-2　幼儿专人专用物品消毒

消毒对象	物理消毒方法	化学消毒方法	消毒频次	说明
毛巾类丝织物（幼儿毛巾、围嘴、隔汗巾、罩衣）	方法一：用洗涤剂清洗干净后，在阳光下暴晒。暴晒时不得相互叠夹。暴晒时间不低于 6 小时。 方法二：煮沸消毒 15 分钟或蒸汽消毒 10 分钟（煮沸消毒时，被煮物品应全部浸没在水中；蒸汽消毒时，被蒸物品应疏松放置。）	1. 使用洗涤剂清洗干净。 2. 使用含氯 250mg/L 的消毒液浸泡 20 分钟。 3. 清洗干净。 4. 阳光下晒干	1 次/天	含氯 250mg/L（1∶200）
水杯	方法一：用洗涤剂清洗干净。使用紫外线消毒，温度控制在 120℃，保持 15 分钟以上。 方法二：煮沸、蒸汽消毒保持 100℃，保持 15 分钟以上（煮沸消毒时，被煮物品应全部浸没在水中；蒸汽消毒时，被蒸物品应疏松放置，水沸后开始计时。）		1 次/天	用水杯饮用易附着于杯壁的饮品，如牛奶、豆浆后，应及时清洗消毒

续表

消毒对象	物理消毒方法	化学消毒方法	消毒频次	说明
床	阳光下暴晒，暴晒时间不低于 6 小时	1. 使用洗涤剂擦拭干净床铺周围。 2. 使用含氯 250mg/L 的消毒液，擦拭一遍。 3. 消毒作用 10~30 分钟后，清水擦拭一遍	1 次/周	
床上用品	每两周通知家长带回家清洗干净后带回园所		2 次/月	

表 2-5-3　其他环境与物体表面消毒

消毒对象	物理消毒方法	化学消毒方法	消毒频次	说明
空气	方法一： 春夏季开窗通风每日至少 3 次；每次至少 30 分钟。 秋冬季开窗通风每日至少 2 次；每次至少 15 分钟	/	2~3 次/天	在外界温度适宜、空气质量较好、保障安全的条件下，应采取持续开窗通风的方式
	方法二： 采用紫外线杀菌灯进行照射消毒每日 2 次，每次持续照射时间 60 分钟	/	2 次/天	1. 不具备开窗通风空气消毒条件时使用。 2. 按照每立方米 1.5 瓦计算紫外线杀菌灯管需要量。 3. 禁止紫外线杀菌灯照射人体体表。 4. 采用反向式紫外线杀菌灯在室内有人的环境持续照射消毒时，应使用无臭氧式紫外线杀菌
餐桌	/	餐前： 1. 清水擦拭一遍。 2. 使用含氯 250mg/L 的消毒液擦拭一遍。消毒作用 10~30 分钟。 3. 清水擦拭一遍。 餐后： 先用洗涤灵水擦拭一遍，再用清水擦拭一遍	1 次/餐	/
		两次加餐前：用浓度 75% 的酒精湿纸巾擦拭桌面	1 次/餐	
椅子、玩具柜、毛巾架、台面、水龙头、把手、水池、地面	/	1. 使用含氯 250 mg/L 的消毒液，擦拭一遍。 2. 消毒作用 10~30 分钟，清水擦拭一遍	1 次/天	/

续表

消毒对象	物理消毒方法	化学消毒方法	消毒频次	说明
晨检卡	/	1．使用洗涤剂清洗干净。 2．使用含氯 250 mg/L 的消毒液浸泡，消毒持续 10～30 分钟。 3．控干或晾干存放	1 次/天	/
保温桶	1．使用洗涤剂清洗干净。 2．使用清水冲刷干净。 3．倒扣控水、控干	/	1 次/天	/
拖布、抹布、垃圾桶	/	1．使用洗涤剂清洗干净。 2．使用含氯 500mg/L 的消毒液浸泡 20 分钟。 3．清洗干净，阳光暴晒	随用随消	/
便盆、坐便器与皮肤接触部位、盛装吐泻物的容器	/	1．清水清洗干净。 2．使用含氯 500mg/L 的消毒液浸泡 30 分钟。 3．清水冲净后控干或晾干	随用随消	/
体温计	/	使用 75%~80%的乙醇溶液，浸泡消毒 3~5 分钟	随用随消	使用符合《中华人民共和国药典》规定的乙醇溶液
便池	/	1．使用清水冲刷。 2．使用洁厕灵冲刷	随用随消	1．幼儿不在盥洗室时进行消毒。 2．洁厕灵与含氯消毒剂不可同时使用，分开存放，避免发生化学反应，产生有毒气体
玩具	1．塑料玩具使用清洁剂清洗，并在阳光下暴晒。 2．木质玩具将毛巾浸泡在含有清洁剂的水中，并使用半干毛巾擦拭干净，在阳光下暴晒。 3．暴晒时不得相互叠夹。暴晒时间不低于 6 小时	1．使用含氯 250 mg/L 的消毒液消毒，擦拭或浸泡玩具。 2．消毒作用 10～30 分钟，清水擦拭或冲洗干净。 3．控干或晾干存放	1 次/周	/
图书	1．在阳光下暴晒。 2．暴晒时不得相互叠夹，暴晒时间不低于 6 小时	/	1 次/周	/
紫外线灯管	/	用浓度为 75%的酒精棉球或纱布进行擦拭	1 次/周	/
药品袋、梳子袋、梳子	1．使用洗涤剂清洗干净。 2．在阳光暴晒	/	1 次/周	/
床套、钢琴套、皮革制地垫、毛织地垫	1．使用洗涤剂清洗干净。 2．在阳光暴晒	/	1 次/月	/

活动 3　头脑风暴

请与小组成员一起讨论以下几个问题：

（1）这些不同的消毒对象，每天的消毒频次是什么？

（2）除了以上提到的消毒对象，还有哪些物品需要进行消毒？

请尝试使用表格的形式体现不同消毒对象的消毒方法和消毒频次，如表 2-5-4 所示。

表 2-5-4　消毒对象的消毒方法和消毒频次

消毒对象	消毒方法	消毒频次

学习总结

1. 个人复盘

请使用思维导图的形式，对本活动学习内容进行梳理。

2. 小组复盘

小组一起将活动 3 知识链接中的表格打印出来，复习不同消毒对象的操作方法，并记住消毒次数。

学习测试

1. 请简述毛巾类织物的消毒方法。

2. 请简述幼儿餐桌的消毒方法。

学习评价

学生姓名：　　　　　　　　　评价内容：不同对象的消毒方法　　　　　　　　班级：

学习任务	自我评价			小组评价			教师评价		
	1～5	5.1～8	8.1～10	1～5	5.1～8	8.1～10	1～5	5.1～8	8.1～10
	总占比 30%			总占比 30%			总占比 40%		
活动 1 完成情况									
活动 2 完成情况									
活动 3 完成情况									
出勤									
纪律									
学习态度									
表达能力									
合作能力									
问题回答									
创新能力									
小计									
总评									
综合评语	自我评价								
	小组评价								
	教师评价								

　　　　　　　　　　　　　　　　　　　　　　任课教师：　　　　　日期：

学习任务六 疫源地消毒方法

学习目标

1. 掌握疫源地消毒方法。
2. 掌握疫源地消毒流程，能够熟练进行疫源地消毒工作。

学习准备

1. 材料准备：量杯、消毒液、水、水盆、橡胶手套。
2. 环境准备：模拟盥洗室、活动室、睡眠室等环境。

学习活动

活动1 疫源地消毒方法及流程

疫源地是指什么？当幼儿园发生诺如病毒、手足口病等疫情时，怎样进行消毒操作？请小组讨论说一说自己的想法。

知识链接

➤ 疫源地是指传染源及其排出的病原体向四周播散所能波及的范围，即可能发生新病例或新感染的范围。

➤ 在幼儿园中，诺如病毒、急性胃肠炎、手足口病、水痘、流感、聚集性发热疫情等较为多见，发生传染病疫情时，要立即对污染物及场所进行消毒。针对这些常见疫情的消毒方法及流程如下：

➤ 诺如病毒、急性胃肠炎疫情消毒操作

一旦发现有腹泻、呕吐症状的疑似诺如病毒感染的病人，应尽快隔离病人、疏散其他人员并采取消毒措施，推荐使用含氯消毒剂。重点消毒对象包括病人的排泄物、呕吐物，及其容器、餐饮具厕所，以及病人经常接触的环境物体表面、室内地面、墙壁、家具表面，病人的衣服、物品等。

一、病人的呕吐物、排泄物

（一）病人的呕吐物、排泄物在固定容器中，如痰盂或厕所马桶内等

1．配制有效氯浓度为 5000～10000mg/L 的含氯消毒液。

2．小心倒入足量配制好的含氯消毒液，将呕吐物、排泄物完全覆盖。

3．消毒至少 30 分钟。

4．由厕所马桶冲走。

（二）病人呕吐物、排泄物在地面等表面

1．配制有效氯浓度为 5000～10000mg/L 的含氯消毒液。

2．用一次性吸水材料（如纱布、抹布等）蘸取配制好的含氯消毒液，完全覆盖污染物，小心清除干净。清除过程中避免接触污染物。

3．清理的污染物放入黄色垃圾袋，按医疗废物集中处置。

4．清洁中使用的抹布、拖把等工具，盛放污染物的容器，都必须用有效氯浓度为 5000mg/L 的消毒剂溶液，浸泡消毒 30 分钟后彻底冲洗，才可再次使用。

5．厕所、卫生间的专用抹布、拖把，不能用于其他场所。

二、地面、墙壁

1．可采用喷洒消毒或擦拭消毒，使用有效氯浓度为 1000mg/L 的消毒液。

2．配制有效氯浓度为 1000mg/L 的含氯消毒液（配制方法举例：某含氯消毒液，有效氯浓度为 5%～6%，配制时取 1 份消毒液，加入 49 份水）。

3．喷洒消毒液时喷湿即可；擦拭消毒时，用抹布或拖布蘸取上述消毒液后进行擦拭。

4．消毒持续时间应不少于 30 分钟。

5．有肉眼可见的污染物时应先清除污染物再消毒。

三、门把手、水龙头、玩具、桌椅面等物体表面

1．门把手、水龙头、玩具、桌椅面等物体表面是消毒的重点区域。

2．消毒时可使用有效氯浓度为 1000mg/L 的含氯消毒液进行浸泡、喷洒或擦拭消毒。

3．消毒持续 30 分钟，然后用清水擦拭干净。

四、衣物、被褥等织物

1．先将固体污秽物清除。患儿的衣物、被褥需单独清洗。

2．煮沸消毒 30 分钟；也可用有效氯浓度为 500mg/L 的含氯消毒液泡，作用 30 分钟后，再清洗。

五、食品用具

1. 清除食物残渣。

2. 煮沸或用流通的蒸汽消毒 30 分钟；也可用有效氯浓度为 500mg/L 的含氯消毒液浸泡，作用 30 分钟后，再用清水洗净。

六、皮肤、黏膜

1. 皮肤被污染物污染时，应立即清除污染物。

2. 用一次性吸水材料蘸取浓度为 0.5% 的碘伏消毒液（碘伏浓度多为 0.5% 左右，可直接使用。具体应查看说明书），擦拭消毒 3 分钟以上，使用清水清洗干净。

3. 黏膜应用大量生理盐水冲洗或浓度为 0.05% 的碘伏冲洗消毒。

4. 注意免洗手消毒剂多以乙醇为杀菌成分，对诺如病毒消毒效果不理想，建议慎用。

七、废物处理

患者产生的生活垃圾采用双层医疗废物袋，按医疗废物集中收集处置。

八、室内空气

保持室内空气流通。

自然通风或机械通风，每天至少两次，每次至少 15～30 分钟，也可采用循环风式空气消毒机进行空气消毒；无人空间也可用紫外线灯对空气消毒（$1.5W/m^3$），持续照射 30 分钟。

手足口病及疱疹性咽峡炎疫情消毒操作

一、室内空气

保持室内空气流通。

自然通风或机械通风，每天至少两次，每次至少 15～30 分钟，也可采用循环风式空气消毒机进行空气消毒；无人空间也可用紫外线灯对空气消毒（$1.5W/m^3$），持续照射 30 分钟。

二、地面、墙壁

1. 可采用喷洒消毒或擦拭消毒。使用有效氯浓度为 1000mg/L 的消毒液。

2. 配制有效氯浓度为 1000mg/L 的含氯消毒液。

3. 喷洒消毒时喷湿即可；擦拭消毒时，用抹布或拖布蘸取上述消毒液后进行擦拭。

4. 消毒作用时间应不少于 15 分钟。

5. 有肉眼可见的污染物时应先清除污染物再消毒。

三、门把手、水龙头、玩具、桌椅面等物体表面

1. 门把手、水龙头、玩具、桌椅面等物体表面是消毒的重点区域，应定期进行清洁消毒。

2. 消毒时可使用有效氯浓度为 500mg/L 的含氯消毒液进行浸泡、喷洒或擦拭消毒。

3. 作用 15 分钟，然后用清水擦拭干净。

四、病人排泄物、呕吐物

（一）病人排泄物、呕吐物在固定容器中，如痰盂或厕所马桶内等

1. 配制有效氯浓度为 5000～10000mg/L 的含氯消毒液。

2. 小心倒入足量配制好的含氯消毒液，将排泄物、呕吐物完全覆盖。

3. 消毒 120 分钟以上。

4. 由厕所马桶冲走。

（二）病人排泄物、呕吐物在地面等表面

1. 配制有效氯浓度为 5000～10000mg/L 的含氯消毒液。

2. 用一次性吸水材料（如纱布、抹布等）蘸取配制好的含氯消毒液，完全覆盖污染物，小心清除干净。清除过程中避免接触污染物。

3. 清理的污染物放入黄色垃圾袋，按医疗废物集中处置。

4. 清洁中使用的抹布、拖把等工具，以及盛放污染物的容器，都必须用有效氯浓度为 5000mg/L 的消毒剂溶液浸泡消毒 30 分钟后彻底冲洗，才可再次使用。

5. 厕所、卫生间的专用抹布、拖把，不能用于其他场所。

五、衣物、被褥等织物

1. 先将固体污秽物移除。患儿的衣物、被褥需单独清洗。

2. 煮沸消毒 30 分钟；也可用有效氯浓度为 500mg/L 的含氯消毒液浸泡，作用 30 分钟后，再清洗。

六、食品用具

1. 清除食物残渣。

2. 煮沸消毒 20 分钟；也可用有效氯浓度为 250mg/L 的含氯消毒液浸泡，作用 30 分钟后，再用清水洗净。

七、手部

1. 皮肤被污染物污染时，应立即清除污染物。

2. 用一次性吸水材料蘸取浓度为 0.5% 的碘伏消毒液，擦拭消毒 3 分钟以上，使用清

水清洗干净。

3．特别需要注意常规的免洗手消毒液对肠道病毒无效。

八、废物处理

患者产生的生活垃圾装入双层医疗废物袋，按医疗废物集中收集处置。

水痘、流感、聚集性发热疫情消毒操作

一、室内空气

保持室内空气流通。

自然通风或机械通风，每天至少两次，每次至少 15～30 分钟，也可采用循环风式空气消毒机进行空气消毒；无人空间也可用紫外线灯对空气消毒（1.5W/m³），持续照射 30 分钟。

二、门把手、水龙头、玩具、桌面等物体表面

1．门把手、水龙头、玩具、桌面等物体表面是消毒的重点区域，应定期进行清洁消毒。

2．消毒时可使用有效氯浓度为 1000mg/L 的含氯消毒液进行浸泡、喷洒或擦拭消毒。

3．消毒作用 30 分钟，然后用清水擦拭干净。

三、衣物、被褥等织物

1．先将固体污秽物清除。患儿的衣物、被褥需单独清洗。

2．煮沸或流通蒸汽消毒 30 分钟；也可用有效氯浓度为 500mg/L 的含氯消毒液浸泡，作用 30 分钟后，再清洗。

四、手部

用一次性吸水材料蘸取浓度为 0.5% 的碘伏消毒液，擦拭消毒 3 分钟以上，使用清水清洗干净。

活动 2　练习疫源地消毒方法及流程

（1）小组操作练习——你说我听

两人为一组，每人依次表述诺如病毒、急性胃肠炎疫情的消毒操作流程；手足口病及疱疹性咽峡炎疫情的消毒操作和水痘、流感、聚集性发热疫情的消毒操作流程；表述结束后，另一人给出评价。互换进行。

（2）小组操作练习——你练我看

请小组成员两人为一组，每人依次练习诺如病毒、急性胃肠炎疫情的消毒操作；手足

口病及疱疹性咽峡炎疫情的消毒操作；水痘、流感、聚集性发热疫情的消毒操作。一人进行评价，找出操作失误的地方。操作失误的地方需要重新练习。互换进行。

（3）小组操作练习 PK 大赛

请将全班成员分为两个组，每组分别派出 3 位同学代表，分别进行诺如病毒、急性胃肠炎疫情的消毒操作；手足口病及疱疹性咽峡炎疫情的消毒操作；水痘、流感、聚集性发热疫情的消毒操作。看看哪组能在最短的时间全程无误操作。

活动3　消毒的注意事项

请思考进行预防性消毒和疫源地消毒时要注意的事项，并把思考的结果写下来。

消毒的注意事项

知识链接

消毒的注意事项

1．物品、用具在使用消毒剂消毒后，要用清水把残留的消毒剂冲洗或擦掉。

2．所有物品、用具的消毒都应在清洁工作之后进行。

3．保育员要把毛巾、杯子消毒后，要用镊子把毛巾、杯子等物品放到规定位置，避免二次污染。

4．拖把、抹布、水桶等清洁工具要专用，及时刷洗，避免混用。

学习总结

1．个人复盘

请使用思维导图的形式，对本活动内容进行梳理。

2．小组复盘

请与小组成员一起通过网络、书籍等形式，搜集学习诺如病毒、急性胃肠炎、手足口病、疱疹性咽峡炎、水痘、流感等传染病的相关知识。

学习测试

　　请描述，班级里一名幼儿出现了呕吐的症状，根据症状初步判断这名幼儿可能患的是诺如病毒，这时你会如何进行班级的清洁和消毒工作？

学习评价

学生姓名：　　　　　　　　评价内容：疫源地消毒方法　　　　　　　　班级：

学习任务	自我评价			小组评价			教师评价		
	1～5	5.1～8	8.1～10	1～5	5.1～8	8.1～10	1～5	5.1～8	8.1～10
	总占比 30%			总占比 30%			总占比 40%		
活动 1 完成情况									
活动 2 完成情况									
活动 3 完成情况									
出勤									
纪律									
学习态度									
表达能力									
合作能力									
问题回答									
创新能力									
小计									
总评									
综合评语	自我评价								
	小组评价								
	教师评价								

任课教师：　　　　　　日期：

学习任务七 晨间准备

学习目标

1. 能够独自、正确完成通风、清洁、消毒等工作内容。
2. 能够独自完成幼儿物品的准备工作。

学习准备

1. 资料准备：晨间准备工作的视频。
2. 材料准备：清洁用品与消毒用品。
3. 环境准备：模拟活动室、盥洗室、睡眠室。

学习活动

活动1 晨间准备的工作内容及要求

请小组成员共同探讨说一说，在晨间保育员都需要准备哪些工作内容，并想一想这些准备工作的要求是什么。

晨间准备的工作内容

晨间准备的工作要求

🔗 **知识链接**

～～ 晨间准备的工作内容 ～～

第一，保育员个人形象及情绪的准备。

第二，做好班级通风工作。

第三，做好班级清洁及消毒工作。

第四，准备好幼儿一日生活用品。

第五，早餐的餐前准备。

～～ 晨间准备工作的要求（见表 2-7-1） ～～

表 2-7-1　晨间准备工作的要求

内容	工作要求
个人准备	1. 穿戴好工作服饰，整理好仪容仪表。 2. 面带微笑，与同事主动问好。 3. 保持积极情绪进入工作状态
通风工作	1. 依据季节的变化 冬季：开窗通风应达到每半日一次，通风时间一般为 10～15 分钟，室内温度不低于 18～20 度为宜。 夏季：夏季执行全天通风制度，使用空调的房间应达到每半日通风一次，通风时间一般为 10～15 分钟，室内温度不超过 28 度为宜。 春秋季：春秋季室外温度与室内温度相近时，只要无大风、大雨等异常天气，可进行全天开窗通风。 2. 依据房间性质 活动室：晨检准备、户外活动时进行通风。 睡眠室：幼儿睡前和起床后进行通风，睡眠时应避免空气对流。 盥洗室：一年四季，只要天气条件允许，应保持全天开窗通风。 3. 依据天气情况 室温过低或过高时，应适当缩短通风时间，减小通风窗口，注意室内外温度的变化。 风大时，应及时关闭窗户，避免灰尘进入而造成室内空气污染，风停后及时打开窗户进行通风换气。 下雨时，应及时观察风向，将溅雨的窗户关闭，雨停后，应打开窗户让幼儿呼吸到更多新鲜的空气
清洁工作	对教室、盥洗室、睡眠室做好清洁，清洁的要求参照学习任务 1 内容，此处不再赘述
消毒工作	对教室、盥洗室、睡眠室做好消毒，消毒的要求参照学习任务 2 内容，此处不再赘述
幼儿用品准备	1. 准备温开水，保证幼儿园一日的饮水量。 2. 准备好清洁和消毒过的幼儿水杯、牙杯并整齐地摆放在水杯架上。 3. 准备好幼儿毛巾并摆放在毛巾架上，擦嘴巾（纸）放在指定位置
餐前准备	准备好餐车、餐盘、餐巾及擦桌毛巾

活动 2　模拟操作晨间准备的工作流程

请你参考晨间准备的工作内容，想一想先做哪些工作，再做哪些工作，尝试模拟操作，并将操作过程拍摄下来，并写一写你的感受。

我的感受

🔗 **知识链接**

晨间准备的工作流程

步骤 1：穿戴好着工作服饰进入班级，保持积极的情绪状态，与班级其他教师礼貌问好。

步骤 2：打开活动室、盥洗室和睡眠室的窗户，进行通风。

步骤 3：对活动室进行清洁和消毒。

步骤 4：对盥洗室进行清洁和消毒。

步骤 5：对睡眠室进行清洁和消毒。

步骤 6：摆放好幼儿的水杯、牙杯、毛巾、纸巾等。

步骤 7：在清洁过的保温桶内准备好温开水。

步骤 8：准备好餐车、餐盘。

步骤 9：检查环境是否存在安全隐患。

活动 3　晨间准备工作的安全预测

请想一想在晨间准备工作的环节中，有哪些安全隐患需要排查，并把想法写下来。

晨间准备工作的安全隐患

🔗 **知识链接**

～⑤ 晨间准备工作的安全预测 ⑤～

（1）清洁和消毒的物品放在幼儿触摸不到的位置。

（2）活动室内桌椅腿朝下，无朝上摆放的情况。

（3）保温桶内的水为温开水。

（4）紫外线消毒灯的开关有明显标识。

（5）玩具柜内的玩具无安全隐患。

（6）活动室、睡眠室和盥洗室的电源开关均在幼儿触摸不到的地方。

活动 4　晨间准备工作的小窍门

请小组共同探讨，在模拟进行晨间准备工作时，你都发现了哪些工作的小窍门。

工作的小窍门

🔗 **知识链接**

～⑤ 晨间工作的小窍门 ⑤～

一、合理安排晨间擦拭的顺序

为了更快地做好准备工作，可以先做睡眠室和活动室的工作。做其他工作时要来回进出盥洗室，为了避免重复劳动，盥洗室的卫生工作可以后做。因此，清洁和消毒的工作顺序也可以调整为睡眠室—活动室—盥洗室。

二、"S"形擦地

在用拖布进行擦地的过程中，即使前面已经清扫过一遍，在拖地的过程中也会出现一些毛发、橡皮渣以及灰尘等细小垃圾，如果再扫一遍会浪费很多时间，因此，在拖地的过程中可以采用"S"形的路线来回推送拖布擦拭。注意在擦拭的过程中，拖布始终不离开地面，再推送到一个小区域，将灰尘垃圾集中抖落在一起，然后继续擦拭，最后将几个垃圾点清扫，这样既快又干净。

三、擦玻璃小技巧

可将干净的抹布用含有少量洗涤剂的溶液清洗干净并拧成半潮湿状态，然后擦拭整个玻璃面，随后快速用干净报纸反复擦拭玻璃面，注意在擦拭的过程中要保证玻璃有一定的水分，随着报纸的反复擦拭将水分吸干后，玻璃也就明亮了，如果玻璃下半部分水分已经蒸发，及时用半潮的抹布擦净，再用报纸反复擦拭。

学习总结

1. 个人复盘
请使用思维导图的形式，对本活动的学习内容进行梳理。
2. 小组复盘
请小组成员一起到幼儿园观摩保育员是如何进行晨间准备工作的。

学习测试

1. 请简述晨间准备工作时，依据季节情况、天气情况、房间情况如何进行通风工作。
2. 请简述晨间准备工作内容。

学习评价

学生姓名：　　　　　　评价内容：晨间准备　　　　　　班级：

学习任务	自我评价			小组评价			教师评价		
	1～5	5.1～8	8.1～10	1～5	5.1～8	8.1～10	1～5	5.1～8	8.1～10
	总占比 30%			总占比 30%			总占比 40%		
活动 1 完成情况									
活动 2 完成情况									
活动 3 完成情况									
活动 4 完成情况									
出勤									
纪律									
学习态度									
表达能力									
合作能力									
问题回答									
创新能力									
小计									
总评									

综合评语	自我评价
	小组评价
	教师评价

任课教师：　　　　　　日期：

学习任务八　晨间接待

学习目标

1. 掌握晨间接待的内容。
2. 掌握晨间接待的工作要求。
3. 掌握晨间接待环节进行幼儿常规培养的内容。

学习准备

1. 材料准备：晨检袋、晨检卡、服药单、笔，安抚幼儿情绪的图书、玩具等。
2. 环境准备：模拟活动室、盥洗室、睡眠室。

学习活动

活动1　晨间接待的工作内容及工作要求

（1）"一年之计在于春，一日之计在于晨。"早晨意味着一天生活的开始，幼儿园的晨间接待是与幼儿互动的第一个环节，在这个重要的环节里，保育员的工作内容是什么？要求是怎样的？请小组讨论说一说并写一写，如表2-8-1所示。

晨间接待的工作内容

晨间接待的工作要求

（2）请小组两人为一组，尝试使用准备的材料进行晨间接待的操作，一人操作，一人观察，然后交换。操作结束后，互相说一说感受。

🔗 **知识链接**

表 2-8-1　保教人员在晨间接待时的主要工作内容、工作要求

内容	工作要求
迎接工作	1. 面带微笑、主动热情地上前迎接幼儿与家长。 2. 与幼儿、家长相互问好（或与幼儿、家长 45 度鞠躬相互问好）。 3. 张开双手靠左侧胸口拥抱幼儿，左手上，右手下
晨检工作	1. 对幼儿进行晨检。晨检内容：体温、五官、面色、头、口腔、手等，发现问题及时与家长沟通，完成一摸二看三问四查。一摸：摸摸幼儿头额部有无发热；二看：看幼儿精神状态、面色、咽部有无异常，皮肤有无皮疹、伤口及某些传染病的早期表现，如发现可疑者及时报告，以便隔离、观察、确诊；三问：问幼儿饮食、睡眠、大小便有无异常情况；四查：查看幼儿衣裤兜内、书包内有无不安全物品，如发现问题迅速处理，不安全物品不允许带入园内。 2. 给幼儿晨检环（或晨检卡）（绿色/健康；黄色/注意；红色/有药）
药物管理	1. 接受家长签字的药及药单，核对无误后妥善保管，药品存放在班级内的存药袋（盒）内，只可接收当天服用药品。 2. 药单内容包括：用药名称、用药剂量、用药时间、家长签字。 3. 不可在园服用的药品包括：抗生素药类、保健类药物、开袋药、已开瓶药等
家长沟通	1. 引导幼儿主动向家长说再见。 2. 与家长进行晨间交流时间不要太久，1～3 分钟内完成幼儿昨日在家睡眠、饮食、情绪等事情的沟通
指导幼儿	1. 指导和帮助幼儿叠放好衣物，放好书包。 2. 指导幼儿进行晨间活动。 3. 安抚好个别幼儿的情绪转变

活动 2　晨间接待工作的意义

请你想一想晨间接待这个环节的工作意义是什么。把你的想法写下来。

我理解的工作意义

知识链接

晨间接待的工作意义

1. 给幼儿创设温馨、积极的入园氛围。
2. 做好药品的安全管理，给予带药幼儿特别关注。
3. 建立良好的家园沟通。
4. 培养幼儿自理能力。

活动3　幼儿常规培养

请小组讨论在晨间接待环节可以进行哪些幼儿常规培养。请把讨论结果写下来。

幼儿常规培养

知识链接

幼儿常规培养内容

1. 喜欢教师和同伴，愿意上幼儿园。
2. 感受幼儿园环境的整洁、美观，体会到教师的辛苦，懂得感恩。
3. 能够带齐所需要的生活、学习用品，不带危险物品来园。
4. 能够主动与教师、同伴打招呼，并且能开心地和家人说再见。

5．愿意和教师、同伴做游戏，有良好的师生和同伴关系，感受到集体的温暖，心情愉快，有安全感。

6．学习表达和控制自己的不良情绪，保持良好的精神状态。

7．愿意接受晨检，并懂得将身体不舒服的感觉告诉保健人员或教师。

8．积极参与区域活动，能够自主游戏，能与同伴友好相处。

9．有独立做事的愿望，在自我服务的过程中增强自信心。

10．学做值日生工作，体验为他人服务的乐趣，有初步的集体意识和责任感。

11．喜欢晨练活动，懂得安全自护，有一定的规则意识。

12．愿意与同伴分享经验和感受，能独立完成任务，并逐步提高任务意识。

活动 4　晨间接待环节的险情预测

请你根据活动 1 模拟操作后，认真思考在晨间接待这个环节，如果没有按规范要求完成工作内容，会出现哪些安全隐患。请把你的思考写下来。

我的预测

🔗 **知识链接**

⌇ 晨间接待环节的险情预测 ⌇

（1）家长送幼儿入园时应主动让幼儿接受保健人员的晨间检查，尤其应主动报告幼儿身体存在的不适，有特殊情况要当面做好说明方可离园。

（2）若有幼儿带药，需让家长填写服药单，确保药量、药名称与服药单一致，符合服药标准。药品安全检查，主要看幼儿园服药制度。

（3）健康状况检查，检查传染病，如水痘、手足口病等。

（4）晨检漏洞检查，主要检查幼儿有无带危险物品。

（5）交接给配班教师要注意安全，一定是两位教师当面交接，不可让幼儿单独进班以免发生意外。

（6）环境安全，重点检查一日生活场所、环创/班级物品、大型器械等，注意幼儿园环境周围有无危险人物出现，清除一切安全隐患，保证幼儿安全。

（7）注意师德，教师调整好情绪，避免出现和家长沟通不当、产生负面情绪、收受礼品等现象。

（8）提示幼儿用7步洗手法认真洗手，避免交叉感染。

（9）检查幼儿衣物及书包是否存在危险品。

学习总结

1. 个人复盘

请使用思维导图的形式，对本活动的学习内容进行梳理。

2. 小组复盘

分角色情景模拟晨间接待的流程，分别扮演教师、配班教师、保育员、家长、幼儿五个角色，也可交换角色扮演，每人都体验不同角色在晨间接待中的内容。

学习测试

1. 判断题

（1）晨间接待时，保育教师只要做好环境的准备就可以了。　　　　　　　（　　）

（2）晨检"一摸二看三问四查"中的二看，主要是看幼儿的情绪如何。　　（　　）

（3）晨间接待时，保育教师的情绪状态会影响幼儿的情绪状态，因此，保育教师要以积极热情的态度迎接幼儿入园。　　　　　　　　　　　　　　　　　　　（　　）

（4）晨间是培养幼儿自己叠放衣物、放好书包的教育契机。　　　　　　（　　）

（5）家长可以带幼儿服用三天的药量，存放在幼儿园。　　　　　　　　（　　）

2. 单选题

（1）晨间接待时，保育教师的工作内容包括（　　　　）。

  A．准备好健康、安全的教育环境

  B．辅助教师做好晨检和药品管理

  C．指导幼儿完成衣物及书包的整理

  D．以上都是

（2）保育教师在指导家长填写服药单时，需要填写（　　　　）内容。

  A．服药名称   B．服药剂量、时间

  C．家长签字   D．以上都是

（3）晨检发现幼儿衣物口袋里有一个小小的手表电池，教师应（　　）。

    A．放回幼儿口袋，等到晚上让幼儿自己带回家

    B．告知家长该物品存在安全隐患，交给家长带走妥善保管

    C．拿出来随手放在柜子上

    D．扔在垃圾桶里

（4）晨检环（卡）红色代表（　　）。

    A．健康　　　　B．带药　　　　C．缺勤　　　　D．注意

（5）（　　）药品不可带入幼儿园。

    A．半袋药　　　B．保健类　　　C．抗生素类　　　D．以上都是

3. 简答题

（1）保健人员在晨间接待工作中都会准备哪些材料或物品？

（2）遇到家长想要在晨间接待时长时间与幼儿交流的情况应该怎么办？

（3）幼儿情绪不稳定，一直哭闹，不愿意进入班级，遇到这种情况怎么办？

学习评价

学生姓名：　　　　　　　　　评价内容：晨间接待　　　　　　　　班级：

学习任务	自我评价			小组评价			教师评价		
	1～5	5.1～8	8.1～10	1～5	5.1～8	8.1～10	1～5	5.1～8	8.1～10
	总占比30%			总占比30%			总占比40%		
活动1完成情况									
活动2完成情况									
活动3完成情况									
活动4完成情况									
出勤									
纪律									
学习态度									
表达能力									
合作能力									
问题回答									
创新能力									
小计									
总评									

综合评语	自我评价
	小组评价
	教师评价

　　　　　　　　　　　　　　　　　　　　　任课教师：　　　　　日期：

学习任务九 盥洗保育

学习目标

1. 创设整洁、卫生、安全、舒适、美观的盥洗环境，为幼儿提供数量充足的盥洗用品。
2. 能熟练掌握洗手、洗脸、漱口、刷牙、梳头的保育指导。
3. 能根据幼儿年龄特点及盥洗条件，制作盥洗流程图或是相关的儿歌、童谣，帮助幼儿掌握正确的盥洗方法。

学习准备

1. 材料准备：幼儿毛巾（一人一巾）、香皂（洗手液）、清洁抹布、拖把。
2. 环境准备：模拟盥洗室。

学习活动

活动1 盥洗保育的工作内容及工作要求

（1）盥洗活动是幼儿一日生活中必不可少的重要活动，帮助幼儿养成良好的盥洗习惯，是保障幼儿身体健康的第一道防线。请你认真思考盥洗都包括哪些内容。在盥洗环节中，保育员的工作内容有哪些？操作规范是怎样的？

盥洗的内容

盥洗保育的工作内容

盥洗保育的工作要求

（2）请小组两人为一组，尝试使用准备的材料进行盥洗环节的操作，一人操作，一人观察，然后交换。操作结束后，互相说一说感受。

知识链接

盥洗的内容

盥洗的主要内容包括洗手、洗脸、漱口、刷牙、梳头等活动，如表 2-9-1、图 2-9-1 和图 2-9-2 所示。

表 2-9-1　保教人员在盥洗环节时的主要工作内容及工作要求

内容	工作要求
盥洗前准备	1. 幼儿毛巾、肥皂（洗手液）、护肤品准备充足。 2. 地面干燥，无污染物，防滑设备完好。 3. 根据幼儿实际情况，提出安全、正确、有序的盥洗要求，强调注意事项
盥洗时的指导	1. 指导要求 （1）幼儿分组进行盥洗。 （2）使用正面语言进行指导，并时刻关注每位幼儿的需求与安全。 2. 指导内容：洗手（餐前、便后、手脏时随时洗手） （1）帮助或指导每个幼儿将袖子挽至胳膊肘处，防止溅湿衣袖。 （2）指导幼儿打开水龙头调至合适的位置，保持水流柔和。 （3）使用七步洗手法正确洗手。小班幼儿要耐心给予动作示范和语言提示。步骤：掌心搓掌心；手指交错掌心搓掌心；手指交错掌心搓手背两手互换；指尖摩擦掌心两手互换；拇指在掌中转动两手互换；一手旋转揉搓另一手的腕部，交替进行

内容	工作要求
盥洗时的指导	（4）洗完手后用正确的方法擦手，将衣袖放下，整理平整，秋冬季要指导幼儿涂抹护手霜。 3．指导内容：漱口和刷牙（餐后漱口或刷牙） （1）组织幼儿取出漱口杯，接好半杯水，使用鼓漱法进行漱口，至少鼓漱三次。 （2）指导幼儿手持刷柄，上牙从上往下刷，下牙从下往上刷，咬合面来回刷（中大班幼儿）。 4．指导内容：洗脸（午睡起床后或脸脏时） （1）指导幼儿从上到下，从里到外轻轻用力，依次把额头、眼睛、脸颊、鼻子、嘴巴、耳朵、脖子洗干净，然后用毛巾把脸上的水迹都擦干净，最后用手指蘸取适量护肤霜，均匀涂抹在脸上。 （2）指导内容：梳头（午睡起床后或头发乱时）。 （3）在午睡洗脸后，帮助或指导幼儿使用自己的梳子梳头。 （4）指导幼儿学习正确的梳头方法：从上向下，梳整头发前面、侧面和后面。 （5）轻柔用力、松紧适度地帮助长发幼儿扎好辫子，戴好发夹，并请幼儿自己照镜子，欣赏梳理后的整齐发型，感受仪表整洁的美。 （6）指导幼儿梳头结束后，将掉落在肩膀、地上及残留在梳子上的头发收进垃圾桶，将梳子放回原处
盥洗后的清洁	幼儿离开盥洗室后，及时清洁地面，把地面拖干

图 2-9-1　指导幼儿洗手

图 2-9-2　指导幼儿漱口

活动 2　盥洗保育工作的意义

请你想一想，盥洗这个环节的工作意义是什么。把你的想法写下来。

我理解的工作意义

🔗 **知识链接**

᠆᠊ᠬ **盥洗保育的工作意义** ᠆᠊ᠬ

生活即教育，在盥洗环节通过洗手、洗脸、漱口、刷牙、梳头等活动的保育工作，可以培养幼儿生活的好习惯，保持良好的盥洗习惯，培养独立的盥洗能力，为幼儿的健康成长奠定良好的基础。

活动 3　幼儿常规培养

请小组讨论，在盥洗保育环节可以常规培养幼儿哪些方面。请把讨论结果写下来。

幼儿常规培养

🔗 **知识链接**

᠆᠊ᠬ **幼儿常规培养内容** ᠆᠊ᠬ

1．洗手

（1）学习使用七步洗手法，洗干净双手。七步洗手法步骤：

掌心搓掌心；手指交错掌心搓掌心；手指交错掌心搓手背两手互换；指尖摩擦掌心两手互换；拇指在掌中转动两手互换；一手旋转揉搓另一手的腕部，交替进行。

（2）洗手时不湿衣袖、不玩水，节约用水。

（3）知道洗手的好处，饭前、便后、手脏时及时洗手。

（4）养成认真有序洗手的良好习惯。

2．洗脸

（1）学习正确的洗脸方法。

（2）洗脸时不湿衣袖、衣襟，不玩水。

（3）知道起床后、脸脏时要及时洗脸。

3．漱口

（1）知道漱口能清洁口腔，喜欢漱口。

（2）会用鼓漱的方法漱口。

（3）餐后能坚持用正确的方法漱口。

4．刷牙

（1）学会刷牙的基本方法。

（2）知道刷牙能清洁口腔，喜欢刷牙。

（3）能坚持餐后刷牙，并清洁自己的牙杯。

5．梳头

（1）学习梳头的基本方法。

（2）梳头结束后，学习清洁梳子和地面。

（3）知道梳理头发前后要洗净双手。

（4）知道起床后，头发凌乱时要及时梳头。

活动 4　盥洗环节的险情预测

请你根据活动 1 模拟操作后，认真思考在盥洗这个环节，如果没有按规范要求完成工作内容可能出现的安全隐患。请把你的思考写下来。

我的预测

🔗 **知识链接**

── 盥洗环节的险情预测 ──

（1）如果盥洗室狭小，教师要精准站位，在发生推挤打闹时，能第一时间指导幼儿；

（2）盥洗环节要注意地面不能有积水；

（3）非盥洗期间幼儿单独去喝水、如厕、洗手，教师都要对幼儿安全照顾；

（4）避免卫生消毒用品的使用方法及保管位置不当；

（5）防止毛巾、水杯、牙杯等交叉使用，引起交叉感染，牙杯、水杯、毛巾等按照制度进行消杀工作；

（5）护肤霜应选择婴幼儿用品，不可选用含添加剂的产品；

（6）梳头的梳子不可选择尖锐的，要选择圆滑的，不可伤到幼儿。

学习总结

1. 个人复盘

请使用思维导图的形式，对本活动的学习内容进行梳理。

2. 小组复盘

分角色情景模拟晨间接待的流程，分别扮演教师、配班教师、保育员、幼儿四个角色，也可交换角色扮演，每人都体验不同角色在盥洗保育中的工作内容。

学习测试

1. 判断题

（1）指导幼儿正确的梳头方法是：从上向下，梳整前面、侧面和后面。　（　　）

（2）指导中大班幼儿刷牙时，上牙从下向上刷，下牙从上往下刷，咬合面来回刷。

（　　）

（3）幼儿在进餐前后洗手就可以了。　（　　）

（4）盥洗的内容主要包括洗手、洗脸、漱口、刷牙等活动。　（　　）

（5）幼儿盥洗结束后，保育员要及时清洁地面，把地面拖干，保持地面干净无污物、无积水，防止幼儿滑倒。　（　　）

2. 简答题

（1）请描述七步洗手法的步骤。

（2）请描述指导幼儿洗脸的步骤。

（3）请描述指导幼儿漱口的步骤。

（4）请简述盥洗前、盥洗时、盥洗后的工作要求。

学习评价

学生姓名：　　　　　　　　　　评价内容：盥洗保育　　　　　　　　　班级：

学习任务	自我评价			小组评价			教师评价		
	1～5	5.1～8	8.1～10	1～5	5.1～8	8.1～10	1～5	5.1～8	8.1～10
	总占比30%			总占比30%			总占比40%		
活动1完成情况									
活动2完成情况									
活动3完成情况									
活动4完成情况									
出勤									
纪律									
学习态度									
表达能力									
合作能力									
问题回答									
创新能力									
小计									
总评									

综合评语	自我评价
	小组评价
	教师评价

任课教师：　　　　　　　日期：

学习任务十 进餐保育

学习目标

1. 能掌握进餐前、进餐中、进餐后的工作内容与工作要求。
2. 能熟练操作进餐前和进餐后的清洁消毒流程。
3. 能熟练操作分餐具和分发食物的流程。
4. 对进餐保育的工作意义有自己的认识和总结。
5. 清楚如何引导和帮助幼儿学会正确的进餐礼仪。

学习准备

1. 材料准备：

清洁消毒用具：清洁抹布、消毒液、水盆、塑胶手套、水桶、拖布。

配餐服饰：配餐服、配餐帽、配餐口罩。

分餐用具：幼儿餐具（碗、筷子、勺子）、饭盆、菜盆、汤盆、饭勺、菜夹、汤勺、托盘、分餐车。

2. 资料准备：进餐保育视频。

学习活动

活动1 进餐保育的工作内容及工作要求

（1）"聪明的大脑，健康的身体，是吃出来的。"可见吃是何等重要。进餐环节的设置覆盖了幼儿的一日三餐和两点，三餐即早餐、午餐和晚餐，两点即上午点心和下午点心。请你认真思考在进餐环节中，保育员的工作内容有哪些，工作要求是怎样的。

进餐保育的工作内容

进餐保育的工作要求

（2）请小组两人为一组，尝试使用准备的材料进行进餐保育的操作，一人操作，一人观察，然后交换。操作结束后，互相说一说感受，如表 2-10-1 所示。

知识链接

表2-10-1　进餐保育的工作内容及要求

内容	工作要求
进餐前的工作准备	**保育教师：** 1. 服装：穿戴上配餐服，戴上配餐帽，戴好口罩，洗干净双手。 2. 清洁和消毒：餐前15分钟按照清洁和消毒的标准做好桌面的消毒工作。 3. 介绍食谱：用形象的语言向幼儿介绍饭菜营养。 4. 取餐：使用餐车到食堂取餐，保证幼儿食物温度适中（冬季保温、夏季散热），取来的饭菜及汤放在安全处，确保无烫伤情况发生。 **教师：** 1. 组织：教师组织幼儿进餐前的等待活动，并指导幼儿按照要求取餐及摆放餐具
进餐中的工作指导	**小班幼儿的指导要求：** 1. 分餐：根据本班幼儿的进食量为幼儿依次盛饭、盛菜、盛汤，少盛勤添。 2. 动作：盛饭动作轻柔。 3. 指导幼儿正确的进餐姿势：身体坐正，靠近餐桌，一手拿勺子，一手扶碗，专心吃饭，如图2-10-1所示。 4. 指导幼儿正确使用勺子：手握住勺柄上三分之一处，不要满把攥，而是用拇指、食指和中指三个手指头捏住柄勺，如图2-10-2所示。 5. 帮助、指导幼儿尝试吃带壳、带皮、带核食物。 6. 以亲切的口吻帮助吃饭慢、胃口不好、身体不适的幼儿吃饱吃好。 7. 关注个别不会咀嚼、吞咽有困难的幼儿，及时给予指导和帮助。 8. 个别关注：关注生病、有食物过敏史、少数民族幼儿的进餐，适当调整食物搭配。 9. 指导语言：保教人员使用"请问，谁还需要""不客气"等语言与幼儿互动，引导幼儿会用"老师，请给我一点，谢谢"等语言进行表达，会闭嘴咀嚼，喝汤无声，正确摆放餐具。 **中、大班幼儿的指导要求：** 1. 分餐：根据本班幼儿的进食量为幼儿依次盛饭、盛菜、盛汤，少盛勤添。 2. 动作：盛饭动作要轻，提示幼儿需要添加食物时主动告知教师。 3. 提醒中、大班幼儿有序端取饭菜，安静进餐。 4. 指导幼儿正确的进餐姿势：身体坐正，靠近餐桌，一手拿勺子（筷子），一手扶碗，专心吃饭。 5. 指导幼儿吃鱼的正确方法

内容	工作要求
进餐中的工作指导	4. 指导中、大班幼儿正确使用筷子：用拇指和食指夹住两根筷子的上部约三分之一处，将下面一根筷子的底部靠在无名指上用拇指压牢，再用食指和中指的指尖夹住上面一根筷子。使用时，只需活动中指和食指，如图2-10-3。 6. 引导幼儿养成细嚼慢咽、安静进餐、不剩饭、不暴饮暴食的良好进餐习惯。特别关注肥胖儿和体弱儿的进餐情况。 7. 保教人员使用"请问，谁还需要""不客气"等语言与幼儿互动，引导幼儿会用"老师，请给我一点，谢谢"等语言进行表达，会闭嘴咀嚼，喝汤无声，正确摆放餐具
进餐后的工作整理	小班幼儿的指导要求： 保育教师： 1. 帮助指导幼儿学习掌握饭后擦嘴、洗手、漱口的正确方法。 2. 指导幼儿并将餐具分类放在固定的容器里。 3. 全部幼儿进餐结束后，将餐具送到食堂。 4. 进行地面、桌面的清洁工作。 5. 及时处理食物垃圾。 教师： 1. 教师组织先进餐结束的幼儿进行安静的活动。 2. 教师有计划地组织幼儿餐后散步、户外观察和自由活动。 3. 记录幼儿的进餐情况。 中、大班幼儿的指导要求： 保育教师： 1. 鼓励幼儿主动整理餐具，收拾食物残渣。 2. 提醒幼儿餐后自主选择安静的区域活动或参与教师组织的安静活动。 3. 引导幼儿有序进行饭后擦嘴、漱口（刷牙）、洗手等流程。 4. 指导值日生进行桌面、地面的卫生清理工作。 教师： 1. 组织先进餐结束的幼儿进行安静的活动。 2. 教师有计划地组织幼儿餐后散步、户外观察和自由活动。 3. 记录幼儿的进餐情况

图2-10-1 进餐姿势　　图2-10-2 正确使用勺子　　图2-10-3 正确使用筷子

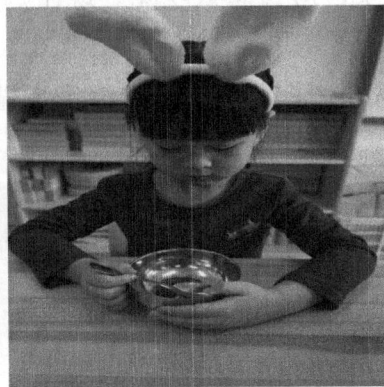

用筷子吃饭的好处

用筷子吃饭对于促进幼儿的身心发展有重要的作用。

首先，使用筷子的过程可以很好地训练幼儿的拇指和其余四指抓握的能力，使他们的手部小肌肉群得到很好的锻炼，有助于发展幼儿手部的精细动作。

其次，使用筷子还可以训练幼儿手眼协调的能力，眼和手的联合协调可以为幼儿今后掌握更复杂的动作奠定良好的基础。

最后，使用筷子夹取食物的动作能刺激脑细胞，有助于幼儿大脑的发育。幼儿期是脑发育的关键期，幼儿两三岁以后，在进餐时已不满足于用勺子，而是喜欢模仿成人吃饭的样子时，家长就可以因势利导，教幼儿正确使用筷子的方法，让幼儿学习用筷子进餐。这样既可以满足幼儿的心理需求，又可以使他们的肢体得到相应的锻炼。

活动方案【我会吃鱼】

1．活动准备

（1）自制大鱼学具两个。制作方法：用卷纸芯做鱼骨架，用吸管做鱼刺，用海绵纸做鱼肉。鱼肉铺在鱼骨架两边盖住鱼刺。

（2）根据一周食谱，选择午餐有红烧带鱼的那一天开展活动。

2．活动过程

（1）进入游戏情境。

教师：小猫们，今天妈妈烧了你们最喜欢的红烧鱼，快来吃吧!

（2）了解鱼骨的基本结构和鱼肉的吃法以谈话唤起幼儿的经验，知道鱼骨不能吃。

教师：（将自制大鱼学具铺在地上）鱼身上什么能吃，什么不能吃？

教师：鱼刺是细长的、尖尖的鱼骨头，摸摸看，你能找到鱼刺吗？它藏在鱼的哪里？

引导幼儿观察自制大鱼学具，了解鱼骨头分布的位置。

教师：你们找找看哪里还有鱼骨头，摸起来感觉是什么样的？

（3）引导幼儿学会又方便又安全地拿鱼块。

教师：鱼肉里有这么多鱼骨头，应该怎么吃呢？现在妈妈把鱼分给你们，你们试一试怎么拿又方便又安全。

幼儿每人拿一块"鱼块"，从两边把鱼刺抽出，模仿小猫"吃"美味的"鱼肉"。

（4）梳理吃鱼的方法和步骤。

教师：小猫们想不想再吃点鱼？

（5）小朋友们互相交流吃鱼的经验。

3．活动结束

活动2　进餐保育工作的意义

请你想一想进餐这个环节的工作意义。把你的想法写下来。

我理解的工作意义

知识链接

⌒ 进餐保育的工作意义 ⌒

➤ 帮助幼儿养成良好的饮食习惯、卫生习惯。

➤ 帮助幼儿学会进餐时的文明礼仪。

➤ 培养幼儿良好的自我服务意识。

活动3 幼儿常规培养

请小组讨论在进餐保育环节，都可以常规培养幼儿哪些方面。请把讨论结果写下来。

幼儿常规培养

知识链接

⌒ 幼儿常规培养内容 ⌒

1．懂得进餐时情绪愉快对身体健康有益，能安静愉快地进餐，喜欢自己吃饭。

2．指导餐前要洗干净双手。

3．正确使用餐具，学习掌握吃多种食物的技能，逐步做到独立进餐。

4．了解各种食物的营养知识，根据需要适量进食，知道均衡膳食对身体有益，爱吃各种食物，不挑食，不偏食，吃饱吃好。

5．养成良好的进餐习惯，能做到细嚼慢咽，安静进餐，保持桌面和地面整洁；会用"请再给我一点……""谢谢"等语言表达需求。

6．餐后有序整理餐具，收拾食物残渣，做到餐后擦嘴、洗手、漱口或刷牙。

活动4 进餐环节的险情预测

请你根据活动1模拟操作后，认真思考在进餐这个环节，如果没有按规范要求完成工作内容，会出现什么样的安全隐患。请把你的思考写下来。

我的预测

知识链接

进餐环节的险情预测

1. 取回的饭、菜、汤应放置在幼儿活动区域之外，或放置在固定位置，幼儿远离，避免烫伤。

2. 饭菜较热时注意散热，温度适宜再请幼儿食用。

3. 盛饭菜时注意安全，餐盆（锅）不在幼儿头顶上方端来端去。

4. 给幼儿盛饭、菜、汤不要盛得太满。

5. 吃鱼、虾、排骨等带刺、皮或骨头的食物时，注意幼儿食用时的安全。

6. 确定幼儿的最后一口饭咽下再离开座位。

学习总结

1. 个人复盘

请使用思维导图的形式，对本活动的学习内容进行梳理。

2. 小组复盘

分角色情景模拟进餐时的工作流程，分别扮演教师、配班教师、保育员、幼儿四个角色，也可交换角色扮演，每人都体验不同角色在幼儿进餐时的工作内容。

学习测试

（1）请简述正确使用勺、筷子，以及进餐的姿势。

（2）请简述进餐时使用什么样的语言给幼儿添饭。

（3）请简述进餐后保育工作的内容。

（4）请说一说你对进餐保育工作意义的理解。

学习评价

学生姓名：　　　　　　　　　评价内容：进餐保育　　　　　　　　　班级：

学习任务	自我评价			小组评价			教师评价		
	1~5	5.1~8	8.1~10	1~5	5.1~8	8.1~10	1~5	5.1~8	8.1~10
	总占比 30%			总占比 30%			总占比 40%		
活动 1 完成情况									
活动 2 完成情况									
活动 3 完成情况									
活动 4 完成情况									
出勤									
纪律									
学习态度									
表达能力									
合作能力									
问题回答									
创新能力									
小计									
总评									

综合评语	自我评价
	小组评价
	教师评价

任课教师：　　　　　　　日期：

学习任务十一　如厕保育

学习目标

1. 能说明并熟练掌握如厕保育的工作内容及要求。
2. 对如厕保育的工作意义有自己的理解。
3. 知道不同年龄幼儿如厕的常规培养内容。

学习准备

1. 材料准备：幼儿马桶、卫生纸、清洁抹布、刷子、手套。
2. 环境准备：卫生间。
3. 资料准备：如厕保育视频。

学习活动

活动1　如厕保育的工作内容及工作要求

（1）如厕环节就如同其他环节一样，对幼儿来说有着重要的意义，请你认真思考在如厕环节中，保育员的工作内容有哪些，工作要求是怎样的。

如厕保育的工作内容

如厕保育的工作要求

（2）请你尝试使用准备的材料进行如厕保育的操作，如表 2-11-1 所示，也可依据如厕保育的视频，看看自己的操作是否正确。

知识链接

表 2-11-1　如厕保育的工作内容及工作要求

内容	工作要求
用品准备	1. 香皂（洗手液）齐全，洗手池每个水龙头右侧各放置一块（瓶），如图 2-11-1 所示。 2. 毛巾（一人一巾），根据当天出勤人数准备好。 3. 如厕使用的手纸放在容器里，容器牢固，摆放位置和高低要方便蹲在便池或坐便器上的幼儿随时取用
清洁消毒	1. 卫生间地面按照清洁要求，清洁干净、无异味，地面干燥、无水迹、无污物。 2. 便池（便盆）消毒：用专用工具，按照从里到外、从上到下、从干净区域到污染区域的顺序进行消毒。 3. 坐便器消毒：用马桶刷刷净马桶里侧，冲洗一下，将消毒的干净抹布搓湿、拧干，然后按照从上到下，即"水箱—马桶盖外侧—马桶盖里侧—坐圈上面—坐圈下面—马桶底座"的顺序进行擦拭，马桶消毒方法同样，先用消毒液擦拭，20 分钟后再用清水毛巾擦拭干净，清除残留的消毒液。 4. 沟槽便池的清洁消毒
如厕动作指导	跨过小沟沟，脱下小裤子，慢慢蹲下去，用力拉粑粑，擦完小屁股，提好小裤子，跨过小沟沟，回身冲厕所
用纸指导	指导中大班幼儿自己使用手纸（女孩从前往后擦），帮助小班幼儿使用手纸（见图 2-11-2）
擦屁屁指导	擦屁股时，从前往后擦，将污纸扔到垃圾桶中
提裤子指导	便后将裤子提起来，内衣塞进裤子里，不露肚脐与后脊背，最后将外衣拉平整
洗手指导	手位低于水龙头位置，水流不宜过大，使用七步洗手法洗手，用毛巾擦干手上的水迹
大小便观察	1. 观察小便：通过量、次数、颜色、透明度和气味方面观察是否异常。正常小便：6~7 次/天，1000 毫升/次，呈淡黄色，澄清透明，无特殊气味。 2. 观察大便：通过量、形状、颜色、气味等方面观察是否异常。正常大便：1~2 次/天，柔软条状，呈黄褐色，一般臭味

图 2-11-1　幼儿毛巾

图 2-11-2　如厕纸巾

活动 2　如厕保育工作的意义

请你想一想，在如厕这个环节的工作意义是什么。把你的想法写下来。

我理解的工作意义

🔗 **知识链接**

〜〜 **如厕保育的工作意义** 〜〜

如厕，是人类最重要和最频繁的行为之一。从生理角度来看，人的排泄物中含有一些毒素和垃圾，及时代谢这些物质有利于身体健康；从心理学角度来看，幼儿如厕能力和习惯的培养会影响幼儿人格的发展，弗洛伊德的人格发展理论指出：三岁之前，幼儿必须学会控制生理排泄，使之符合社会的要求。也就是说必须要养成如厕习惯。过于放纵的大小便训练会使幼儿形成"肛门期—排泄型人格"。这类人不讲规则，残忍、龌龊甚至具有破坏性；过于严厉的大小便训练则会使幼儿形成"肛门期—滞留型人格"，这类人固执、吝啬、守规矩，但过于死板，有强迫性洁癖。从幼儿身心和谐发展的角度出发，让幼儿轻松如厕，满足幼儿正常的生理排泄，帮助幼儿掌握独立如厕的技能，遵守如厕的常规，养成健康如厕的习惯，促进其身心和谐发展。

活动 3 幼儿常规培养

请小组讨论在如厕保育环节，都可以常规培养幼儿哪些方面。请把讨论结果写下来。

幼儿常规培养

🔗 知识链接

═══ 幼儿常规培养内容 ═══

小班：

（1）有便意时会告知教师。

（2）在保教老师的指导和帮助下，能自己穿、脱裤子。

（3）在保教老师的指导下学习便后清洁和整理。

（4）在如厕过程中，当感到不舒服或弄脏衣裤时，懂得告知教师。

（5）懂得安静、有序地如厕，如厕后能离开卫生间。

（6）学习如厕后冲水，在保教老师的帮助和照看下能便后洗手。

中班：

（1）有便意时会自己如厕，及时排便。

（2）会自己穿、脱裤子。

（3）便后能主动进行清洁和整理。

（4）在如厕的过程中，当感到不适或弄脏衣裤时，能及时告知教师，并在保教老师的帮助下更换衣裤。

（5）会安静、有序地如厕，如厕后能离开卫生间。

（6）如厕后会冲水，懂得便后洗手。

大班：

（1）懂得及时排便对身体健康的好处，有便意时会自己如厕，及时排便。

（2）能熟练地穿、脱裤子。

（3）便后能自主、熟练地进行清洁并整理衣物。

（4）在如厕过程中，当感到不舒服或弄脏衣服时，能及时告诉保教老师，并在如厕后自主更换衣裤。

（5）会安静、有序地如厕，如厕后能自觉离开卫生间。

（6）如厕后会冲水，便后能主动使用七步洗手法正确洗手。

═══ 幼儿良好如厕习惯与独立如厕能力的培养方法 ═══

（1）小班

由于初入园的小班幼儿对环境的改变、蹲便方式、自主穿脱裤子等方面不适应，可能加重他们如厕时的焦虑心理，影响其身心健康。保教老师要在接纳幼儿原有习惯的基础上细心护理、耐心引导，使其逐渐养成良好的如厕习惯。

保教老师要通过与家长沟通和日常观察幼儿大小便的情况，了解幼儿大小便的已有习惯（包括次数、时间、形状）。入园初期，可适当接纳幼儿在家的如厕习惯。例如，自己带小便盆、根据自己习惯的时间如厕等。采用游戏化的大便记录方式，激发幼儿对大便如厕的兴趣，引导幼儿逐渐养成在园定时大便的习惯。

（2）中班

升入中班，幼儿自理能力增强，保教老师可以鼓励幼儿学习自己擦屁股，引导幼儿自主完成如厕环节。保教老师可以通过讲故事、念儿歌、集体讨论等多种方式引导幼儿了解规律大便、便后及时洗手对人体健康的好处，提示幼儿便后冲厕所，检查自己的衣服是否整理好。保教老师还可以把常规培养的要求用图片的形式贴在墙面上，帮助幼儿养成良好的如厕习惯。例如，主动如厕不憋大小便、如厕后主动洗手等。

（3）大班

大班幼儿已具备自理大小便的能力。保教老师要支持幼儿的自我服务意识，让其自主如厕。例如，教会幼儿正确使用卫生纸的方法，卫生纸摆放的位置要干净并且方便幼儿拿放；引导幼儿观察自己小便的颜色、大便的形状，理解其与自身健康的关系等。在有条件的幼儿园，保教老师可以安排男女幼儿分开如厕。

活动4　如厕环节的险情预测

请你根据活动（1）模拟操作后，认真思考在如厕这个环节，如果没有按规范要求完成工作内容，会出现哪些安全隐患。请把你的思考写下来。

我的预测

知识链接

如厕环节的险情预测

1. 保持卫生间地面干燥，无水迹，无杂物，避免幼儿滑倒。
2. 如厕人数过多、拥挤，易发生幼儿被推倒等伤害事故。
3. 清洁工具及消毒用品放在固定位置或上锁，避免被幼儿触摸到。

学习总结

1. 个人复盘

请使用思维导图的形式，对本活动的学习内容进行梳理。

2. 小组复盘

请小组共同讨论，男孩、女孩要不要分厕所。通过网上查阅、书籍查阅等形式形成小组的讨论结果，结果除了有观点还要有依据，并将结果写出来。

学习测试

（1）请简述指导幼儿如厕的正确方法。

（2）请简述指导幼儿正确擦屁股和提裤子的方法。

（3）请说一说小班幼儿的如厕常规内容。

（4）请说一说你对如厕保育工作意义的理解。

学生姓名：   评价内容：如厕保育   班级：

学习任务	自我评价			小组评价			教师评价		
	1～5	5.1～8	8.1～10	1～5	5.1～8	8.1～10	1～5	5.1～8	8.1～10
	总占比 30%			总占比 30%			总占比 40%		
活动 1 完成情况									
活动 2 完成情况									
活动 3 完成情况									
活动 4 完成情况									
出勤									
纪律									
学习态度									
表达能力									
合作能力									
问题回答									
创新能力									
小计									
总评									

综合评语	自我评价
	小组评价
	教师评价

任课教师：   日期：

学习任务十二　喝水保育

学习目标

1. 能说明和掌握喝水前和喝水时的工作内容及要求。
2. 知道通过喝水保育，教师能够培养幼儿哪些常规习惯。
3. 能敏锐地发现幼儿喝水时的安全隐患，知道如何预防。
4. 能使用适宜的教育方法，帮助不喜欢喝白开水的幼儿养成喝白开水的习惯。

学习准备

1. 材料准备：清洁抹布、拖把、幼儿水杯、保温桶。
2. 环境准备：活动室、喝水区。
3. 资料准备：喝水保育视频。

学习活动

活动1　喝水保育的工作内容及工作要求

（1）请你结合之前盥洗、进餐、如厕的保育经验，认真思考在喝水环节中保育员的工作内容、工作要求是怎样的。

喝水保育的工作内容

喝水保育的工作要求

（2）小组成员两人为一组，一人扮演保育员，一人扮演幼儿，使用准备的材料进行喝水保育的操作，然后交换角色再进行操作，也可依据喝水保育的视频，看看自己的操作是否正确。操作结束后，相互交流彼此的感受。

🔗 知识链接

表 2-12-1　喝水保育的工作内容及工作要求

内容	工作要求
清洁消毒保温桶	1. 每天早晨将保温桶的剩水倒掉。 2. 用清洁保温桶专用抹布按照桶口—桶内壁—桶底—桶盖内侧—桶盖外侧—桶外壁—桶外底的顺序依次擦拭，由内向外将保温桶冲洗干净。 3. 用专用清洁布重点擦洗保温桶的水龙头并打开水龙头，使水流出。 4. 关上水龙头，倒适量的开水（大约占保温桶的三分之一），盖上盖子并用力地左右晃动保温桶，使开水接触到桶内壁的每个角落，最后打开水龙头，让开水冲洗出水口。 5. 每天用开水消毒保温桶内壁，外壁用消毒液擦拭
清洁消毒水杯	1. 用清水冲洗水杯，然后用清洁水杯的专用抹布借助洗洁精擦洗水杯内外，再用清水冲洗干净，杯口朝下放置在待消毒的容器中。 2. 放在消毒柜进行高温消毒
摆放水杯	消毒后的水杯按照幼儿学号或名字摆放在清洁后的水杯架上。 注意：从消毒柜取水杯和摆放水杯时，手不碰杯口，杯柄朝外，杯口朝上
备水	根据天气及幼儿年龄、活动量、饮食等情况备好充足的水，水温适宜（夏天 30℃，冬天 40℃左右）、水质无污染，保温桶盖子盖好并锁上
创设良好的喝水环境	辅助保教老师设计一些喝水游戏来提高幼儿的喝水兴趣，例如，在墙上创设"今天我喝水了"主题内容，告诉幼儿每喝一次水，就可以在自己的卡片上贴上一个贴画，最后一起来数数"我今天喝了几杯"等
指导幼儿认识水杯标记	与保教老师一起为每个幼儿的水杯制作标记，可以使用贴幼儿照片、幼儿姓名等方式，帮助幼儿找认自己的水杯

内容	工作要求
指导幼儿正确的接水方法	1. 从杯架中取出自己的水杯。 2. 握好水杯把手，将水杯放置在保温桶的水龙头下方，对准水龙头。 3. 轻轻打开水龙头，眼睛看着水杯，接半杯或是三分之二杯水，如图 2-12-1 所示。 4. 及时关闭水龙头
指导幼儿正确的喝水方法	1. 先洗手，再取水杯。 2. 指导幼儿端水和喝水时拿稳水杯。水杯的正确拿法：右手持杯柄，左手扶杯身，走回到自己的座位。 3. 在座位上，指导幼儿用"眼睛看一看水有没有热气"或者"嘴巴轻轻贴水试一试"等方式，感受水的温度是否适宜。（注意：幼儿学习的是方法，保温桶中的水温是保育教师调整好的适宜温度。）（如图 2-12-2 所示） 4. 幼儿喝完水后，指导幼儿将水杯放回杯架的对应位置上

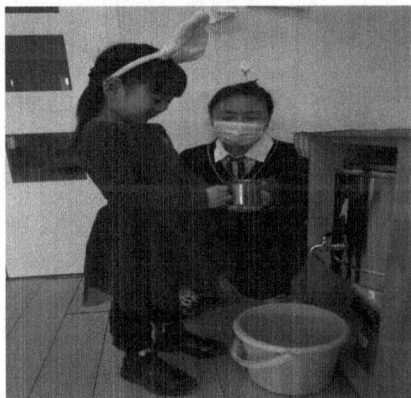

图 2-12-1 指导幼儿接水

图 2-12-2 幼儿喝水

表 2-12-2 正常幼儿需水量的参考值（每 24 小时）

年龄（岁）	体重（千克）	总摄入量（毫升）	每千克体重摄入量（毫升）
1	9.5	1150～1300	120～135
2	11.8	1350～1500	115～125
4	16.2	1600～1800	100～110
6	20.0	1800～2000	90～100

幼儿对水的需要取决于他们的活动量、饮食及气候等因素，通常气温越高，出汗越多，活动量越大，食入的蛋白质、无机盐较多，需水量就越大。

如果幼儿脱水，危害比成人严重，所以当幼儿出现高热、呕吐、腹泻等症状时，一定要注意及时给幼儿补给水分。

活动 2 喝水保育工作的意义

请你想一想喝水这个环节的工作意义。把你的想法写下来。

我理解的工作意义

🔗 **知识链接**

～ 喝水保育的工作意义 ～

水是人体最重要的营养素之一，幼儿体内的水分约占体重的 65%，周岁内的婴儿体内水分最高则达体重的 80%。水是人体正常代谢所必需的物质，幼儿生长发育迅速，新陈代谢旺盛，对水的需求量大，而且年龄越小，对水的需求量则越大。饮水量充足可以帮助幼儿机体正常进行新陈代谢，提高机体抵抗疾病的能力。

活动 3　幼儿常规培养

请小组讨论喝水保育环节可以进行哪些幼儿常规培养。请把讨论结果写下来。

幼儿常规培养

🔗 **知识链接**

～ 幼儿常规培养内容 ～

（1）懂得喝水对身体健康的好处。

（2）喜欢喝白开水，逐步做到主动喝水。

（3）在取放杯子、接水、喝水的过程中能正确使用水杯。

（4）能独立喝适量的水。

（5）养成安静、有序喝水的良好习惯。

（6）在成人指导下，学习根据身体需要适量喝水。

（7）知道按时（按需）喝水，遇到特殊情况能及时喝水。

指导幼儿喜欢喝水的策略

（1）可运用观察猜想、实验操作的策略，采用这些策略，引导幼儿通过亲身感受与经历，对白开水产生兴趣，有效解决幼儿不喜欢喝白开水的问题，引导幼儿愉快喝水、喝上足量的水。

（2）可运用重点示范、模仿练习的策略引导幼儿，帮助幼儿较快掌握正确接水、使用水杯喝水的方法与要领，顺利解决喝水技能方面的问题。同时，通过家园共育，使幼儿的良好喝水行为得以巩固。

（3）可运用情境设置、故事迁移的巧妙策略，这个策略适合小班幼儿，能激发幼儿的喝水兴趣，并使幼儿不断调整自己的喝水行为，促进幼儿良好喝水习惯的养成。

幼儿饮用水的水质要求

判断水质的好坏，主要从颜色、清澈度和气味、口感几个方面考察。通常情况下，无色、清亮、口感清纯的饮用水的水质较好；反之则水质较差。幼儿饮用水应达到如下要求：

（1）不含任何有害的物质和致病菌。饮用水中的有害物质包括重金属（汞、铅、镉、铬）、三氯甲烷、亚硝酸盐等。致病菌包括过滤性病毒、大肠杆菌等。如果长期饮用这样的水，会诱发疾病，危害幼儿的身体健康。

（2）含有人体所需适量的微量元素。日常生活中，人体可以通过饮水吸收一定的微量元素，如锌、铁、铜、碘、钴、铬等。人体内的微量元素有一定适宜的浓度范围，高于或低于这一范围都会引发疾病，如表2-12-3所示。

（3）水的pH值（酸碱度）为7.20～7.40，呈弱碱性，与人体体液的pH值相似。这样的水具有较强的溶解力、扩散力、乳化力和代谢力，可以加速人体的物质代谢，从而增强幼儿的体质，提高免疫力。

表 2-12-3　水中的微量元素与人体健康的关系

微量元素	主要功能	主要症状
铁（Fe）	输送氧	过多：智力发展缓慢、肝硬化
		缺乏：缺铁性贫血、龋齿
铜（Cu）	合成胶原蛋白和许多酶的重要成分	过多：类风湿性关节炎、肝硬化
		缺乏：低蛋白血症、贫血、心血管受损、冠心病
锌（Zn）	控制代谢的要害部位	过多：头晕、呕吐、腹泻
		缺乏：贫血、高血压、食欲不好、味觉差、伤口不易好、早衰

续表

微量元素	主要功能	主要症状
碘（D）	甲状腺中控制代谢过程	过多：甲状腺肿大、呆滞 缺乏：甲状腺肿大、疲怠
钴（Co）	维生素 B2 的核心成分	过多：心脏病、红细胞增多 缺乏：巨幼红细胞性贫血、心血管病
铬（Cr）	使胰岛素发挥正常功能	过多：肺癌、鼻中隔穿孔 缺乏：糖尿病、动脉粥样硬化、心血管病、糖代谢异常
硒（Se）	维持正常肝功能的酶的主要成分	过多：头疼、精神错乱、肌肉萎缩 缺乏：心血管病、肝病、诱发癌症
钼（Mo）	染色体有关酶的重要组成部分	过多或缺乏：龋齿、肾结石、营养不良

活动 4　头脑风暴

请你想一想，如果幼儿一天在园的饮水量是 800 毫升，如何能让幼儿知道一天的饮水量呢？可以采用哪些方法呢？请小组成员共同讨论，写出方案。

我的方案

知识链接

案例【让幼儿知道一天的饮水量】

小班的李老师发现，在喝水环节，和小班小朋友说了很多次要多喝水，一天要喝到 800 毫升，可是幼儿们觉得自己喝得很多了。原来幼儿们对 800 毫升这个数值没有量化的概念，于是李老师想出了将数量概念具体化的办法。李老师拿来一个有刻度的杯子，在杯子里装满 800 毫升水，请幼儿自己亲自动手将水倒进自己的水杯中……最后倒满了 8 小杯，这样幼儿清楚地知道了自己一天应该喝 8 杯水。在这个过程中，李老师引导幼儿对一天到底要喝多少水有了概念。

活动 5　喝水环节的险情预测

请你根据活动 1 模拟操作后，认真思考在喝水这个环节，如果没有按规范要求完成工作内容，会出现哪些安全隐患。请把你的思考写下来。

我的预测

知识链接

喝水环节的险情预测

（1）在为幼儿备水前要洗干净双手，不触碰幼儿的水杯杯口。

（2）为幼儿准备温度适宜的白开水（夏天 30℃，冬天 40℃左右）。

（3）提前擦拭、整理喝水区域，保持区域内干燥和整洁。特别是在幼儿喝水前，应观察喝水区域地面是否干燥，为幼儿提供安全的环境。

（4）随时提醒幼儿安静喝水，对说笑、打闹、拿着杯子乱跑的幼儿及时给予指导和纠正，及时表扬幼儿有序等待及在固定位置喝水的良好行为。

（5）关注幼儿嘴巴或衣服的前胸部位是否有水迹，及时用毛巾帮助幼儿擦干或为其更换衣物，并将换下的衣物晾晒。

（6）幼儿不小心将水洒出时，及时擦拭地面，避免幼儿滑倒、摔伤。

（7）在喝水区域可以用脚印图案画出不同的标记，画出等待区、接水区，培养幼儿有序喝水的常规。

学习总结

1. 个人复盘

请使用思维导图的形式，对本活动的学习内容进行梳理。

2. 小组复盘

请小组共同查找培养幼儿良好喝水习惯的儿歌、歌曲、故事和绘本等素材，每人找 4 个，在组内或是班内共同分享交流。

学习测试

1. 判断题

（1）喝水环节非常重要，保育员要积极引导幼儿喝足一天所需的水量。　　　（　　）

（2）保育员每天为幼儿准备的水量取决于每班幼儿的人数。　　　　　　　（　　）

（3）8 个月体重为 9 千克的婴儿，每日应摄取 1080～1440 毫升的水。　　（　　）

（4）为了避免幼儿自己端水洒出，可以不用幼儿自己接水，全由保育员接水。（　　）

（5）为幼儿准备的水，夏天温度可在 30℃，冬天温度在 40℃。　　　　（　　）

2. 简答题

（1）请简述指导幼儿正确接水的方法。

（2）请简述清洁保温桶的流程。

（3）请说一说喝水环节要注意哪些安全隐患。

（4）请写一写喝水环节培养幼儿的哪些常规内容。

学习评价

学生姓名：　　　　　　　　　评价内容：喝水保育　　　　　　　　班级：

学习任务	自我评价			小组评价			教师评价		
	1～5	5.1～8	8.1～10	1～5	5.1～8	8.1～10	1～5	5.1～8	8.1～10
	总占比 30%			总占比 30%			总占比 40%		
活动 1 完成情况									
活动 2 完成情况									
活动 3 完成情况									
活动 4 完成情况									
活动 5 完成情况									
出勤									
纪律									
学习态度									
表达能力									
合作能力									
问题回答									
创新能力									
小计									
总评									

综合评语	自我评价
	小组评价
	教师评价

　　　　　　　　　　　　　　　　　　　任课教师：　　　　　　日期：

学习任务十三　睡眠保育

学习目标

1. 能说明和熟练操作睡眠保育的工作内容和工作要求。
2. 懂得并能说出睡眠对幼儿健康成长的重要性。
3. 能有策略地帮助有入睡困难的幼儿。

学习准备

1. 材料准备：清洁的拖布、抹布、幼儿的床品。
2. 环境准备：睡眠室。
3. 资料准备：睡眠保育视频。

学习活动

活动1　睡眠保育的工作内容及工作要求

（1）幼儿在幼儿园午睡的时间长，环境安静，是非常重要的一个环节，幼儿在园睡眠的时间安排通常如表2-13-1所示。

表2-13-1　幼儿园午睡时间安排

班级/年龄	午睡时间
小班（3~4岁）	11:50~14:30（2小时40分钟）
中班（4~5岁）	12:00~14:30（2小时30分钟）
大班（5~6岁）	12:00~14:00（2小时）

请你认真思考在睡眠环节中，保育员的工作内容有哪些，工作要求是怎样的。

睡眠保育的工作内容

睡眠保育的工作要求

（2）小组成员两人为一组，一人扮演保育员，一人扮演幼儿，使用准备的材料进行睡眠保育的工作实操，然后交换角色再进行操作，操作结束后，相互交流彼此的感受。

知识链接

表2-13-2　睡眠保育的工作内容及工作要求

内容	工作要求
睡眠室环境准备	门窗：打开窗户，保持空气流通（包括使用空调时）。 铺床：为幼儿准备好睡眠所需的床铺和被褥，使铺位舒适，被褥清洁柔软、厚薄适宜。将小班幼儿的被子掀开90度的角，方便幼儿钻进被窝，避免着凉。中大班幼儿指导幼儿自己铺床。 床位：安排床位时，睡眠室床头的间距应为0.5米左右，两排床的间距应为0.9米左右。 窗帘：在幼儿进入睡眠室前将窗户关上，拉上窗帘。睡眠室内光线柔和，使用的窗帘具有一定的遮光性，不宜使用材质透明、遮光性较差的纱帘，也不宜使用过厚的窗帘（窗帘过厚会影响巡视时无法看清幼儿的睡眠情况）。 室温：调节室温和湿度，合理使用空调，按室温要求提前开启空调。 冬季：睡眠室室温在12摄氏度时开暖空调，室温保持在14~18摄氏度，经常观察室温，过高或过低时都要及时调整。 夏季：睡眠室室温高于28摄氏度时开冷空调，使室温保持在27摄氏度左右。随时观察室温，及时调整空调温度并注意风向（空调口不可直接对着幼儿吹）。 湿度：理想的睡眠室湿度为50%~60%
指导幼儿午睡和起床的步骤	指导幼儿按步骤午睡：如厕小便—进卧室—脱鞋—脱裤子—脱衣服—盖被子—入睡。 指导幼儿把衣服放在指定的位置。 指导幼儿起床后按步骤起床：起床—穿衣服—穿裤子—穿鞋子—整理床铺
定时巡回检查午睡情况	1. 幼儿午睡时，全面关注幼儿的睡眠情况，至少15分钟巡视一次，检查幼儿午睡是否存在异常情况，特别注意幼儿是否在被子下面玩玩具。发现情况应及时帮助与指导。 2. 用轻柔的语言、温柔的动作帮助幼儿保持正确的睡姿。 3. 巡视中，注意观察幼儿是否盖好被子，为蹬被子的幼儿盖好被子，使用"听、看、摸"的方式，听幼儿呼吸，看幼儿的脸色神态，摸幼儿的额头感受体温等是否正常，如有幼儿出现发烧、惊厥、腹痛等情况，立即采取恰当的处理方式并立即通知保健医生。 4. 巡视中，还要特别关注服药幼儿的情况，同样使用"听、看、摸"的方式，发现异常，立即采取恰当的处理方式，并立即通知保健医生

内容	工作要求
纠正睡姿	指导幼儿保持正确的睡姿，睡姿以右侧卧、仰卧为宜，指导幼儿不蒙头睡觉，不趴着睡（如图 2-13-1 所示）
起床后的整理	指导和帮助幼儿起床后按顺序穿好衣服，鼓励中大班幼儿自己穿衣叠被
	幼儿离开睡眠室后，打开窗户，整理床铺、叠被和擦拭睡眠室地面。 叠被的步骤： 1．晾被：叠被子前，需将被子翻转过来晾 10 分钟左右。 2．叠两边：保育员站在床的一侧，将被子靠近自己的一边向中间折，再折向另一边。要注意宽窄适度。 3．叠成豆腐块：将折好的长形被子的两端分别向中间对折，然后再对折，叠成豆腐块的形状。 4．整理床单和枕巾：将床单和枕巾铺平，用刷子将床单扫干净。不要将枕头放在被子下面，保持枕头枕巾的干爽（如图 2-13-2 所示）

图 2-13-1　幼儿正确睡姿

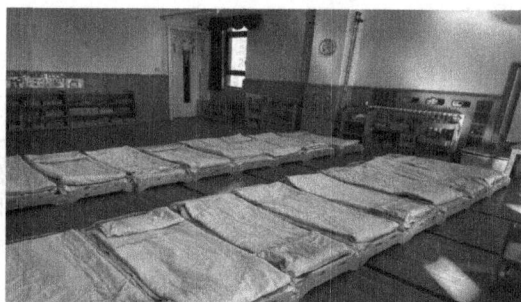

图 2-13-2　床铺整理

晒被子的好处

被褥用久了，会因为人体散发的热气而变得潮湿，影响保暖的效果，经常将被子放在太阳下晾晒，可以使被褥里的棉花变得松软而富有弹性，睡觉时就会感到柔软、舒适、暖和。同时，潮湿的被褥容易滋生细菌，而太阳中的紫外线具有很强的杀菌作用，3～6 小时内就会将附着在被褥上的细菌病原体全部杀死，所以晾晒被褥是最简单可行的预防疾病的有效措施。被褥经过太阳光的照射后会有一淡淡的香味，对提高睡眠质量有一定的促进作用。

活动 2　睡眠保育工作的意义

请你想一想，睡眠这个环节的工作意义是什么。把你的想法写下来。

我理解的工作意义

🔗 知识链接

∽⊱ 午睡保育的工作意义 ⊰∾

1. 消除疲劳，睡眠能消除幼儿的疲劳，使机体各部分得到适当的休息和调整。

2. 促进身体和智力的发育，幼儿睡眠时，脑垂体可以分泌大量生长素，从而促进幼儿身体的生长和大脑皮层的发育。

3. 增强幼儿的抗病能力，机体的免疫反应是在神经系统的调节下进行的，神经和精神状态直接影响着免疫力的高低。睡眠可以调节人体神经系统的功能，改善精神状态，增强人体免疫力。因此，保证幼儿充足的、高质量的睡眠对身心的健康成长具有重要的意义。

活动 3 幼儿常规培养

请小组讨论在睡眠保育环节，都可以培养幼儿哪些常规。根据年龄特点的不同，想一想小中大班幼儿的常规培养有哪些区别。请把讨论结果写下来。

幼儿常规培养

小班：

中班：

大班：

🔗 **知识链接**

⌜⌍ 幼儿常规培养内容 ⌌⌏

小班幼儿：

（1）愿意在幼儿园午睡，能独立入睡。

（2）能在教师的照看下做好睡前的如厕、情绪、物品等方面的睡前准备。

（3）能在教师的帮助下，学会睡前脱掉衣服、鞋袜，并将其摆放在指定位置。

（4）能在教师的帮助下盖好被子，懂得用正确的姿势入睡。

（5）懂得有便意、身体不适和有需要时向保教老师寻求帮助。

（6）能够在午睡时间保持安静。

（7）能够按时起床，并能在保教老师的帮助下穿好衣服、鞋袜，懂得有序喝水、如厕。

中班幼儿：

（1）喜欢在幼儿园午睡，能独立入睡。

（2）能做好睡前的如厕、情绪、物品方面的睡前准备。

（3）学会正确脱掉衣服、鞋袜的方法，并将其摆放在指定位置。

（4）能盖好被子，并能保持以正确的睡姿入睡。

（5）在有便意、身体不适和有需要时，能及时向保教老师寻求帮助。

（6）在午睡时间保持安静，睡醒后不影响同伴。

（7）能按时起床，穿好衣服、鞋袜，并能有序喝水、如厕。

（8）能在保教老师的指导下学习自己整理床铺。

大班幼儿：

（1）知道午睡对身体的好处，养成按时入睡、独立入睡的习惯。

（2）能根据自己的需要进行睡前如厕。

（3）能熟练地脱掉衣服、鞋袜，并将其放在指定的位置。

（4）能盖好被子，避免着凉，睡觉时能保持正确睡姿。

（5）在有便意、身体不适、有需要和发现同伴有异常情况时，能及时向保教老师寻求帮助。

（6）午睡时能保持安静，不影响同伴。

（7）能按时起床，穿好衣服、鞋袜，并能根据自己的需要有序喝水、如厕。

（8）能够自己整理床铺。

活动 4　头脑风暴

小班幼儿由于年龄小，尤其是入园时间短，在情绪适应、独立能力等方面都需要保育员更加细心、耐心地引导和帮助，小班幼儿非常容易出现入睡困难、不会叠被子、不会求助、也不会自己穿脱衣服，偶尔还会有尿床的情况发生，面对这些问题，请小组讨论可以采用哪些方法来帮助幼儿，将讨论方案写下来。

我的方案

📎 **知识链接**

✎ **针对睡眠有问题的幼儿的指导策略** ✎

（1）活动吸引的方法

活动吸引的方法就是用幼儿喜欢的游戏方式转移注意力，可以使用"我的小床""枕头宝宝"等活动帮助幼儿摆脱情绪困扰，对午睡用品产生亲近感，建立亲近感，欣然进入午睡。

活动名称：我的小床

活动目标：

① 知道幼儿园里有自己专用的小床，可以躺在床上睡午觉。

② 对午睡用品产生亲近感，消除在幼儿园午睡的陌生感。

活动准备：

每人一套标记用品。

指导建议：

① 入园前的第一次亲子活动，让幼儿和妈妈一起找到一张小床，将标记用品贴到床头上，使幼儿知道这是他自己的小床，中午他可以躺在上面睡觉休息。

② 第二次亲子活动时，先让幼儿找找自己的小床在哪里，引导幼儿从众多的小床中找到自己的小床。然后，让幼儿说一说自己的小床上面有什么，以便熟悉床上用品。最后，

鼓励幼儿躺躺自己的小床，让他体验睡在自己小床上舒服的感觉。

③ 引导幼儿观察并想一想其他的小床给谁用。帮助幼儿懂得在幼儿园中午要和小朋友一起躺在自己的小床上睡午觉，教师会像妈妈一样照顾自己。

活动名称：枕头宝宝

活动目标：

① 与自己的小床、小枕头等床上用品建立亲近感。

② 愿意枕着自己花枕头睡觉。

活动准备：

提前将幼儿的枕头藏在被子里。

指导建议：

① 午睡前带幼儿进入寝室，带领幼儿玩"藏猫猫"的游戏。"什么东西藏起来了？枕头宝宝藏到哪里了？找到了，小脸亲亲枕头。"

② 让幼儿抱一抱自己的枕头，体验柔软舒服的感觉。"看一看枕头宝宝的花衣裳，看看上面有没有自己认识的颜色？有没有自己喜欢的小动物？数一数枕头宝宝有几个尖尖的角？"

③ 指导幼儿学习放平枕头。先把枕头放在床的一头，轻轻压一压，向两边整一整。让幼儿检查一下。"看看放平了吗？"

④ 让幼儿枕着枕头宝宝睡一觉。

⑤ 可以用同样的方法让幼儿找找自己的枕头哪里去了。

（2）说做一体的方法

说做一体的方法适用不会自己盖被子、穿脱衣服的幼儿，可以采用短小易学、形象生动的儿歌，让幼儿在边说边做中轻松学习。

午睡歌（1）

睡觉前，先问安，按顺序，脱衣衫。

叠整齐，放身边，起床后，依次穿。

入睡房，要安静，衣放好，右卧眠。

不蒙头，不趴睡，枕放好，盖好被。

中途便，步要轻，若先醒，不出声。

起床时，要安静，穿完衣，要梳洗。

午睡歌（2）

脱下鞋子和外衣，端端正正放整齐。

铺好被子上床去，小被暖和盖身体。

闭上眼睛手放好，不吵不闹睡午觉。

房间里面静悄悄，一觉醒来精神好。

穿衣歌

抓领子，盖房子。小老鼠，出洞子。吱扭吱扭上房子。

扣纽扣

小纽扣，要扣好。从下面，往上扣。一颗颗，要扣牢。

活动 5　睡眠环节的险情预测

请你根据活动 1 模拟操作后，认真思考在睡眠这个环节，如果没有按规范要求完成工作内容，会出现的安全隐患有哪些。请把你的思考写下来。

我的思考

🔗 **知识链接**

⌁⌁ 睡眠环节的险情预测 ⌁⌁

（1）幼儿在进入睡眠室前，要进行安全检查，防止安全事故的发生。

（2）幼儿穿脱衣服时，注意提醒幼儿动作要迅速，以免着凉感冒。

（3）幼儿在床上站着穿脱裤子时，注意提醒幼儿站稳，不要打闹，避免摔倒。

（4）起床后检查幼儿的鞋是否穿倒，鞋带是否系好，避免活动时绊倒。

（5）午睡巡视时，关注服药幼儿，及时发现异常。

（6）午睡巡视时，多次巡视幼儿睡姿，避免错误睡姿导致幼儿窒息。

学习总结

1. 个人复盘

请使用思维导图的形式，对本活动的学习内容进行梳理。

2. 小组复盘

请小组共同讨论，如何指导中大班幼儿进行床铺整体。请讨论出至少两种叠被子的方法，并将讨论的方法写下来。

学习测试

1. 判断题

（1）不论春夏秋冬，保育员准备睡眠环境的温度都是一样的。　　　　　（　　）

（2）指导幼儿的起床步骤：起床—穿衣服—穿裤子—穿鞋子—整理床铺。（　　）

（3）睡眠室内的被子比较多，晾晒的工作量比较大，所以不需晾晒。　（　　）

（4）幼儿起床后，被子需要先晾 10 分钟左右，再叠起来。　　　　　（　　）

（5）午睡时，应经常巡视，及时纠正幼儿不正确的睡姿。　　　　　　（　　）

2. 简答题

（1）请简述幼儿午睡时，保育的工作内容有哪些。

（2）请简述幼儿起床后，整理床铺的步骤。

（3）请说一说什么样的睡姿是正确的。

（4）请说一说睡眠环节要注意哪些安全隐患。

学习评价

学生姓名：　　　　　　　　　评价内容：睡眠保育　　　　　　　　　班级：

学习任务	自我评价			小组评价			教师评价		
	1～5	5.1～8	8.1～10	1～5	5.1～8	8.1～10	1～5	5.1～8	8.1～10
	总占比 30%			总占比 30%			总占比 40%		
活动 1 完成情况									
活动 2 完成情况									
活动 3 完成情况									
活动 4 完成情况									
活动 5 完成情况									
出勤									
纪律									
学习态度									
表达能力									
合作能力									
问题回答									
创新能力									
小计									
总评									

综合评语	自我评价
	小组评价
	教师评价

任课教师：　　　　　　　日期：

学习任务十四　离园保育

学习目标

1. 能说出离园保育的工作内容及工作要求并熟练操作离园保育工作。
2. 有安全意识，能关注幼儿离园时的安全及环境的安全。
3. 知晓接送制度并能落实接送制度。
4. 能有策略地帮助渴望见到家人、心情着急的幼儿。

学习准备

1. 材料准备：抹布、拖布、消毒用品等。
2. 环境模拟：教室、盥洗室、厕所。

学习活动

活动1　离园保育的工作内容及工作要求

离园是幼儿园一日生活的最后一个环节，是幼儿一天生活的结束。经过一天丰富多彩的生活，幼儿获得了诸多感受和体验。那在这短暂的离园时光里，保育员的工作内容有什么，工作要求是什么？离园时的语言和行为是什么样的？把你的思考写下来。

离园保育的工作内容

离园保育的工作要求

离园时的语言和行为

（2）请小组成员一起进行情景表演，每个人分别扮演教师、配班教师、保育员、幼儿、家长的角色，模拟进行离园保育的操作，操作结束后，相互交流彼此的感受。

知识链接

表 2-14-1　离园保育的工作内容及工作要求

内容	工作要求
离园前	教师： 1. 组织幼儿进行离园前的活动，请幼儿想一想、说一说一天中快乐的事情，教师鼓励幼儿的点滴进步。 2. 帮助幼儿整理衣裤和鞋，检查幼儿的仪容仪表，穿好外套。 3. 指导幼儿有序地取放、管理好自己的物品，将带回家的物品放在书包里。 4. 与幼儿约定明天再见，保持良好的情绪。 保育员： 1. 辅助教师做好离园前的衣物整理、物品整理工作
离园时	教师： 1. 接待家长，落实接送制度，将幼儿一个一个交到家长手中，并进行家长沟通。 保育员： 1. 组织教室内未离开的幼儿，要特别关注有着急情绪的幼儿，并给予幼儿帮助。 2. 及时解答家长关于幼儿在园保育方面的问题
离园后	保育员： 1. 进行活动室、盥洗室和厕所的清洁、消毒工作，将清洁物品和幼儿用品清洁后整理摆放好。 2. 进行安全检查，关好水电、窗户。 3. 关好门并锁好门，一日工作结束

表2-14-2　离园保育的指导语言和行为提示

班级	指导语言	行为提示
小班	（1）你的小椅子放好了吗？ （2）要回家了，你要和我说什么？ （3）（遇到不认识的家长接）你认识这位叔叔吗？他是谁呀	（1）与幼儿和家长交谈时面带微笑，态度温和。 （2）与家长沟通幼儿在园生活情况并给予适当的家庭生活小建议，达到家园合作共育的目的。 （3）因人而异，针对幼儿不同情况给予帮助。 （4）轻声与幼儿和家长道别，检查幼儿物品是否带回家。 （5）做好离园结束工作，关闭门窗和电器，倾倒垃圾
中班	（1）玩具都收好了吗？东西都带齐了吗？想一想还有什么没做好？ （2）谁来接你了？应该和老师说什么呢？ （4）你的书包应该谁来背？ （5）（遇到不认识的家长接）你认识这位叔叔吗？他是谁呀？ （6）我们长大了，自己的外套会自己穿，不用爸爸妈妈帮忙。我会、我能、我行	（1）与幼儿和家长交谈时面带微笑，态度温和。 （2）与家长沟通幼儿在园生活情况并给予适当的家庭生活小建议，达到家园合作共育的目的。 （3）因人而异，针对幼儿不同情况给予帮助。 （4）轻声与幼儿和家长道别，检查幼儿物品是否带回家。 （5）做好离园结束工作，关闭门窗和电器，倾倒垃圾
大班	（1）看看还有什么东西没放好吗？ （2）还有东西要带回家吗？今天有任务吗？ （3）自己的事情自己做，自己穿外套自己背书包。 （4）（遇到不认识的家长接）来接你的是谁呀？请告诉我好吗	（1）与幼儿和家长交谈时面带微笑，态度温和。 （2）与家长沟通幼儿在园生活情况并给予适当的家庭生活小建议，达到家园合作共育的目的。 （3）因人而异，针对幼儿不同情况给予帮助。 （4）轻声与幼儿和家长道别，检查幼儿物品是否带回家。 （5）做好离园结束工作，关闭门窗和电器，倾倒垃圾

幼儿离园时与家长沟通的语言和内容要求

（1）语言要求

① 主动招呼，热情且面带微笑。

② 言辞得当，态度谦逊，平和对待，语气、语调不要过激。

③ 一视同仁，互相尊重，不因幼儿表现优劣、家长职位高低而区别对待。

④ 维护职业形象，避免与家长谈论与工作无关的事，避免参与家长议论，避免在家长面前表露各种不满的态度。

⑤ 避免独占说话时间，要给家长表达的机会。

⑥ 避免随意打断家长说话，尽量先耐心倾听，再表达自己的观点。

⑦ 遇到幼儿有特殊情况发生（如摔伤、与同伴发生摩擦等）时，要主动如实地向家长说明情况，体现主动关爱的态度，体现责任意识，避免出现推诿言辞。

（2）内容要求

① 将自己对幼儿当天的观察情况与家长做短小而具体的交流，尽可能表扬幼儿的积极表现和进步。

② 如遇幼儿身体不适、受伤或者与同伴发生矛盾冲突的情况，要及时如实告知，并了

解幼儿在家的情况。

③ 幼儿行为有偏差时，要与家长沟通，了解其在家的表现和家长的教育方法。

④ 与家长交流某方面的保教方法时，可与家长分享经验，同时提出自己的建议。

⑤ 回答家长咨询的问题。

⑥ 与个别需要沟通的家长进行有礼貌但简短的交流，或者与他们另外约定交谈的时间，避免在此过程中忽视对其他幼儿的监护。

活动 2　离园保育工作的意义

请你想一想，离园这个环节的工作意义是什么？把你的想法写下来。

我理解的工作意义

🔗 **知识链接**

离园保育的工作意义

（1）从幼儿心理发展的角度来看，离园环节是让幼儿身心放松、进行自我调整的时段。在离园环节中，幼儿知道即将要回家，情绪转为放松，身心都获得愉悦感和幸福感，同时，离园活动还具有自由自主的特点，幼儿会更积极地投入其中，自主选择同伴和游戏，更容易获得放松感和满足感，幼儿有轻松愉悦的内心体验、自由自主的活动状态和留恋幼儿园生活的美好情感。可见，成功的离园活动能延续并提升幼儿的快乐指数，使其对第二天的来园生活充满期待和向往。

（2）从幼儿表达能力培养的角度来看，在离园环节，保教老师在利用多种形式稳定幼儿情绪的同时，可以请小班幼儿自主表达这一天生活的经过和感受，从而促进小班幼儿的口头语言表达能力，对中大班幼儿除了使用口头表达之外，还可以使用绘画的表达形式，来总结一天的活动和收获。

（3）从幼儿自理能力培养的角度来看，在离园前，幼儿自己整理仪容仪表，自己整理物品、书包等，这也是帮助幼儿提升自我服务技能的好契机。

（4）从幼儿社会能力发展的角度来看，离园是幼儿从幼儿园生活转为家庭生活的过渡阶段，这个环节鼓励幼儿进行离园告别，支持同伴间的自主、友好的约定，这些都是在提升幼儿社会能力发展。

（5）从家园共育的角度来看，离园环节也是进行有针对性的家园沟通，实施有效互动的契机。

活动 3　李老师怎么办

小班的王老师正在组织小朋友进行离园前的活动，每个小朋友都在等待家长来接，保育员李老师也在配合王老师，这时，刚刚入园的乐乐突然哭了，跑到保育员李老师身边问道：李老师，我妈妈怎么还不来接我？乐乐一边说，一边哭，哭的情绪越来越强烈。

如果你是保育员李老师，请你分析两个问题。第一，乐乐的情绪是怎样的？这个情况反映的是怎样的心理期盼？第二，作为保教人员该如何应对这个问题？请结合多方面的知识维度思考，并写一写。

情况分析

应对策略

🔗　**知识链接**

～⟡　针对幼儿在离园时有情绪的分析与应对策略　⟡～

幼儿在入园初期，产生急切见到家人的情绪非常明显，主要原因：

（1）渴望见到家人，心情着急。

幼儿入园初期，在离园时经常会看到幼儿一见到家长就跑着扑向家长的怀抱，有的不停地叫着妈妈，在妈妈的脸上亲了又亲；有的会一下子扑到家长怀里，委屈地大哭一场；也有的会一直让家长抱着走回家。出现这些问题的原因是，幼儿初到幼儿园，周围环境的变化，让他们感到陌生和无助，甚至出现焦虑心理。等到父母来接时，紧张不安的情绪瞬间得以释放。此外，家长想见到幼儿的急切情绪也或多或少地影响到幼儿的离园情绪。个别幼儿因父母接得比较晚，看到同伴陆续被接走，情绪也会出现不同程度的波动。

（2）整理、归位意识不足。

小班幼儿离园时，基本上是玩具散落一地、小椅子东倒西歪、自己的物品不知道带走，家长来接时把手里的东西扔下就走。之后的整理工作多数需要家长和教师帮忙。之所以出现这样的情形，一方面是小班幼儿年龄小，各方面技能准备不足，规则意识、归位意识都比较欠缺，加之平时家长包办代替多，幼儿没有自己整理的意识和习惯；另一方面是离园时幼儿急于见到家长，没有心情收拾整理。

（3）没有建立安全感，不能投入地玩。

有的幼儿在离园时间不离开教师半步，嘴里反复说着"给我妈妈打电话""我要找妈妈"；还有一部分幼儿不参加任何离园活动，或者眼睛一直盯着门口，或者抱着自己依恋的物品呆坐。究其原因是这些幼儿还没有与教师建立起真正的依恋关系。从幼儿的天性来说，他们对幼儿园的玩具应该是很感兴趣的，但缺乏安全感导致他们并不能投入地玩。等到家长来接时，他们觉得安全放心了，就会缠着家长和自己一起玩，久久不肯回家。

问题应对：

面对小班幼儿离园环节存在的情绪问题，保育员要积极引导幼儿离园时保持稳定愉悦的情绪状态，乐意参与离园活动，体验与教师、同伴相处的快乐。同时，还要积极带领幼儿一起参与整理环境、整理仪表等自我服务的过程，帮助幼儿建立初步的归位意识，让幼儿学会简单的整理技能，逐渐摆脱对成人的依赖，使幼儿树立自信心。

可以采用身体互动、情景渲染的策略，营造快乐有趣的情绪氛围，使幼儿身心愉悦。

活动名称：送笑脸。

活动目标：

①在游戏中体验教师亲、幼儿园好。

②带着喜悦和快乐回家。

活动准备：教师在拇指上画好一个笑脸。

指导建议：

①教师对幼儿说："大家喜欢笑脸宝宝，爸爸妈妈也想看到宝宝开心的笑脸。"鼓励幼儿变一个笑脸给大家看。

②用画有笑脸的拇指与幼儿玩游戏。教师根据幼儿每天的点滴进步，边说儿歌边鼓励宝宝，让每位宝宝都能开开心心地回家。例如，"小宝今天自己把饭全吃完了，送一个笑脸。"

③要细致观察每个幼儿一天的表现，以便发现幼儿的点滴进步。

④在离园环节可带幼儿一起唱儿歌，帮助幼儿边唱边缓解情绪，同时也做好离园的准备。

儿歌：笑脸宝宝
太阳眯眯笑，
老师把我抱。
大拇哥对我笑，
我也开心笑。

儿歌：拉勾勾
大拇哥，小拇哥。
伸伸手，点点头。
小笑脸，一起走。
明天见面手拉手。

儿歌：玩具回家
你有家，我有家，
玩具宝宝也有家，
我来帮忙送送它，
玩具宝宝笑哈哈。

儿歌：小肚脐藏起来
小裤腰，张开口，
小衬衣，往里走，
塞塞前，塞塞后，
肚脐肚脐藏里头。

儿歌：衣袖整整好
小手伸进袖窝窝，
捏紧袖口往下拉，
拉拉里，拉拉外，
里里外外都舒服。

活动 4　幼儿常规培养

请小组讨论在离园保育环节，都可以培养幼儿哪些常规。根据年龄特点的不同，想一想小中大班幼儿的常规培养有哪些区别。请把讨论结果写下来。

幼儿常规培养

小班：

中班：

大班：

知识链接

幼儿常规培养内容

小班幼儿

（1）能保持稳定、愉悦的情绪等待家长来接。

（2）在保教老师的引导下，愿意参加一些安静的活动。

（3）在保教老师的指导下，能够做好仪容仪表的整理和自己物品的整理。

（4）离园时能与保教老师、同伴道别。

（5）能随家人离园，不独自离开，不跟陌生人走。

中班幼儿

（1）能保持稳定、愉悦的情绪等待家长来接。

（2）参与一些安静的活动，遵守活动规则。

（3）能在保教老师的提醒下，做好仪容仪表的整理和自己物品的整理，并把玩具等物品摆放整齐。

（4）离园时能礼貌地与保教老师、同伴道别。

（5）能随家人离园，不独自离开，不跟陌生人走。

大班幼儿

（1）能保持稳定、愉悦的情绪等待家长来接。

（2）主动参与一些安静的活动，遵守活动规则。

（3）能熟练地做好仪容仪表的整理、自己物品及班级物品的整理，并能将班级物品摆放整齐。

（4）离园时能礼貌地与保教老师、同伴道别。

（5）能随家人离园，不独自离开，不跟陌生人走。

活动 5 离园环节的险情预测

请你根据活动 1 模拟操作后，认真思考在离园这个环节，尤其是接送安全上，如果未按照接送制度进行，会出现的安全隐患有哪些。请把你的思考写下来。

我的预测

🔗 知识链接

⌁ 离园环节的险情预测 ⌁

（1）必须严格落实幼儿园接送制度，防止幼儿接错、冒领和幼儿走失的情况发生。

（2）离园后的清洁和消毒要按照相应标准进行，清洁消毒用品、用具必须归位。

（3）仔细进行水、电、门窗的安全检查。

（4）若幼儿园有晚接班，做好晚接幼儿的交接工作。

⌁ 幼儿园接送管理制度 ⌁

为了规范幼儿管理，保障幼儿安全，增强家园双方对接环节的防范意识，本园特制定以下制度，请幼儿教师及家长遵照执行。

（1）家长必须按照幼儿园的统一要求自行为幼儿办理接送卡（有幼儿照片、班级、学号、家长照片、联系电话的卡片）。

（2）家长需在幼儿园指定地点接送幼儿，落实持卡接送。为方便家长的接送，家长可选择2～3名指定接送人凭卡接送幼儿，但不准未成年人接送幼儿。

（3）由安全保卫人员执行"凭卡入园"环节。

（4）班级教师要对持接送卡的成人进行确认，确认持卡者为幼儿家长时方可收卡放人。切实做到"人卡分离"责任明确。

（5）家长有事需非指定人来接幼儿，一定要和本班教师交代清楚或提前电话联系。教师在遇到非指定人来接幼儿时，第一，必须与幼儿家长电话联系核实身份，家长提供非指定人的身份证信息及样貌照片发送给幼儿园；第二，即使幼儿认识指定人，若没有经过第一项的确认，也不得将幼儿交给指定人。更不能将幼儿交给不认识的人；第三，幼儿园进行身份证对照确认身份证、相貌与非指定人一致，将非指定人的身份证复印件存档；第四，指定人填写《非指定人接送登记表》，填写需字迹清楚，本人签字。如果不履行以上手续，一律不准放人。

（6）带班教师若遇到家长对接送制度有异议，要耐心说明，坚持原则。

（7）幼儿接送卡是家长接送幼儿的凭证，本卡意义重大，请家长持卡后妥善保存，若遗失，请在第一时间与班级教师及安保人员取得联系，得到班主任确认后立即补办接送卡。

（8）接送卡的执行情况也成为幼儿园常规工作考核中的一项内容。各部室、班级对幼儿园接送卡制度应严格执行，行政值班人员监督执行情况。对执行不力的班级会进行通报扣分，如因工作失职造成事故者，将依法追究相关责任人员的法律责任。

学习总结

1. 个人复盘

请使用思维导图的形式，对本活动的学习内容进行梳理。

2. 小组复盘

（1）请小组成员分别扮演教师、保育员、幼儿、家长等角色，也可以换角色扮演，模拟离园环节的工作流程。

（2）到幼儿园中去观摩和学习生活保育的工作流程，并学习填写保育工作表格。

学习测试

简答题

（1）请简述离园环节的工作内容。

（2）请简述离园环节要规避的安全隐患。

（3）请简述离园环节对大班幼儿的常规培养。

（4）请说一说你对离园保育工作价值的理解。

（5）今天离园时，中班的丁丁妈妈来电话说，单位临时有事不能来接丁丁了，临时让一个朋友来接丁丁，丁丁妈妈的这位朋友来到幼儿园后，丁丁一眼就认出了这个人是上周来家里做客的杨叔叔，见到杨叔叔还非常开心，你会把丁丁交给杨叔叔吗？写一写你会怎么做。

学习评价

学生姓名：　　　　　　　　　评价内容：离园保育　　　　　　　　班级：

学习任务	自我评价			小组评价			教师评价		
	1～5	5.1～8	8.1～10	1～5	5.1～8	8.1～10	1～5	5.1～8	8.1～10
	总占比 30%			总占比 30%			总占比 40%		
活动 1 完成情况									
活动 2 完成情况									
活动 3 完成情况									
活动 4 完成情况									
活动 5 完成情况									
出勤									
纪律									
学习态度									
表达能力									
合作能力									
问题回答									
创新能力									
小计									
总评									

综合评语	自我评价
	小组评价
	教师评价

任课教师：　　　　　　　日期：

学习任务十五 生活健康观察

学习目标

1. 了解幼儿身心健康的重要性及相关知识。
2. 掌握幼儿身心健康观察的基本方法。
3. 掌握幼儿园健康检查制度。

学习准备

1. 资料准备：幼儿园健康检查制度、幼儿入园体检表。

学习活动

活动1 关于幼儿身心健康

《幼儿园教育指导纲要（试行）》明确指出："幼儿园必须把保护幼儿的生命和促进幼儿的健康放在工作的首位。"保育员在一日生活中，学会观察幼儿的身体健康状况是非常重要的。请你想一想幼儿生理健康和心理健康的主要表现是什么。并把你的想法写下来，如表2-15-1所示。

表2-15-1 生理健康和心理健康的表现

生理健康的表现	心理健康的表现

知识链接

生理健康的基本知识

　　幼儿的生理健康是指幼儿各个器官、组织的生长发育正常，没有生理缺陷，能有效抵抗各种急性、慢性疾病，体质不断增强。幼儿身体各个器官和组织的正常生长发育、生理系统的正常运作是保证健康的前提。明显的生理缺陷必将产生生理障碍，因而，诸如器官组织的缺损或功能异常，视力不良、贫血、呼吸道感染等常见疾病，肥胖、瘦弱等体格生长偏离等，都属于不健康状态。

　　（1）幼儿生长发育评价指标

　　幼儿的生长发育是有阶段性和程序性的连续过程，遗传基因及环境条件的差异使得幼儿的生长发育具有一定的个体差异性。幼儿各个器官组织的大小、重量的变化以及身高、体重的增加速度，不同的幼儿可以不完全一致，同一幼儿在不同时期的发展速度也可以有快有慢，但正常个体的发展过程基本稳定且差异幅度有限。因此，幼儿身体总体发展水平必须保持在正常范围内，与同年龄幼儿的发展水平接近。超出正常范围，则属于身体发育异常，或者说不健康。

　　幼儿生长发育最常用的评价指标是形态指标，如体重、身长（身高）、头围、胸围、臀围、坐高、皮下脂肪、上部量、下部量及指距等项目。其中，身长（身高）、体重及头围这三项指标不仅测试方便，而且能为准确评价幼儿生长发育水平提供重要的信息。

　　体格生长偏离是幼儿生理的异常发育，主要包括低体重、消瘦、肥胖和身材矮小。其中，低体重是指幼儿的体重比相应年龄组人群按年龄的体重均值数低两个标准差以上；消瘦是指幼儿的体重比相应年龄组人群按身高的体重均值数低两个标准差以上；肥胖是指幼儿体重超过按身高计算的标准体重20%以上，超过20%～30%为轻度肥胖，超过30%～50%为重度肥胖；身材矮小（又称侏儒）是指幼儿身高比相应年龄组人群按年龄的身高均值低两个标准差以上。导致幼儿体格生长偏离的原因是复杂的，包括遗传因素、营养因素、疾病因素、体质因素、心理因素等。

　　（2）幼儿常见疾病

　　幼儿常见疾病主要有呼吸道疾病、消化道疾病、营养性疾病、先天发育不良等。世界卫生组织将"小儿四病"，即缺铁性贫血、维生素 D 缺乏性佝偻病、肺炎、婴幼儿腹泻，列为世界范围内的重点防治对象。

　　幼儿时期的身体健康是人一生发展的基础，我们必须加强对幼儿身体发育情况和身体疾病的监测，确保幼儿身体正常、健康地发展。

健康儿童的主要表现

（1）身体发育正常，身高和体重均按时增长，无矮胖体型或豆芽形体型的发展倾向。

（2）皮肤光滑，没有变色、疹子、过分干燥或表皮油脂过多。

（3）毛发整齐而有光泽。

（4）眼睛明亮有神，眼白清洁无疵，眼周不发黑。

（5）牙齿清洁整齐，无龋齿。

（6）不用口呼吸。

（7）手指清洁指甲修整，不存污垢。

（8）脚向前，无弯曲现象，非扁平足。

（9）坐、卧、立、行都能保持良好的姿势。

（10）身体各部分功能均正常。

（11）运动后虽有正常的疲劳，但经过适当休息后，即可恢复如常。

（12）食欲良好，睡眠充足，且定时大便。

（13）在游戏和身体姿势方面，能够表现出与其年龄、性别、体型和运动经验相适应的技巧。

（14）患病率和事故率不超过同一年龄、同一性别的儿童。

幼儿心理健康的概念

伍新春主编的《心理健康教育概论（2006 年版）》指出，心理健康是指个体在适应环境的过程中，生理、心理和社会性方面达到协调一致，保持良好的心理功能状态。《心理学大辞典》中关于心理健康的正常状态，有四种意义：

（1）正常即健康状态，以有无心理疾病为判断标准。

（2）正常即平均状态，从统计学角度强调正常和异常之间的程度变化处于正态分布中间范围的属正常。

（3）正常即理想状态，用以评价行为而非描述行为。

（4）正常即适应过程，将正常视作不断发展进步的过程，心理健康者能不断学习有效的技巧，应对紧张状态。

符合下列标准可视作心理健康。

（1）情绪稳定，无长期焦虑，少心理冲突；

（2）乐于工作，能在工作中表现自己的能力；

（3）能与他人建立和谐的关系，且乐于与他人交往；

（4）对自己有适当的了解，且有自我悦纳的态度；

（5）对生活的环境有适当的认识，能切实有效地面对问题、解决问题，而不逃避问题。

⟡ 关于幼儿心理健康的标志 ⟡

综合我国儿科医学专家、幼儿心理和教育专家综合的观点，幼儿心理健康的标志有以下几点。

（1）动作发展正常。动作发展与脑的形态及功能的发育密切相关，幼儿躯体大动作和手指精细动作的发展水平处于正常范围内，是心理健康的基本条件。

（2）认知发展正常。一定的认知能力是幼儿生活与学习的重要条件。虽然幼儿的认知发展存在个体差异，但若某个幼儿的认知水平明显地低于同年龄组幼儿，且不在正常范围内，那么该幼儿的认知能力是低下的，心理也是不健康的。幼儿期是认知发展极为迅速的时期，应避免因各种原因造成的脑损伤或不适宜的环境刺激。

（3）情绪积极向上。积极的情绪状态反映了中枢神经系统功能的协调性，亦表明个体的身心发展处于良好的平衡状态。幼儿的情绪具有很大的冲动性和易变性，但随着年龄的增长，情绪的自我调节有所增强，稳定性逐渐提高，并开始学习合理地疏泄消极的情绪。如果某个幼儿经常处于消极的情绪状态，如整天闷闷不乐或一触即发、暴跳如雷，那么该幼儿的心理也是不健康的。

（4）人际关系融洽。幼儿之间的交往是维持心理健康的重要条件，也是获得心理健康的必要途径。心理不健康的幼儿，其人际关系往往是失调的，或自己远离同伴，或成为群体中不受欢迎的人。心理健康的幼儿乐于与他人交往，能与同伴合作，游戏中能够谦让对方。

（5）自我意识良好。自我意识是个性中最核心、最本质的表现，它反映在幼儿对客观现实和自我关系的稳定态度以及习惯化了的行为方式中。心理健康的幼儿，一般具有正常发展的自我评价、自我控制和自我体验，以及自信、自尊、主动、合作等特征。而心理不健康的幼儿常常具有冷漠、胆怯、自卑、被动、孤僻等特征。

（6）没有严重的心理卫生问题。幼儿不健康的心理往往通过各种行为方式表现出来，诸如吸吮手指、遗尿、口吃、多动等。心理健康的幼儿应没有严重的或复杂的心理卫生问题。

活动 2　身体健康观察的方法

1．在生活保育中，我们在晨间接待中学习了"一摸二看三问四查"；在如厕保育中学习了大小便的观察；在体育活动辅助中学习了对幼儿面色的观察，这些都属于日常针对性地观察幼儿健康的方法，请你将它们写下来，如表 2-15-2 所示。想一想还有哪些途径和方法可以了解和观察到幼儿的健康状况。

表 2-15-2　身体健康观察的方法

一摸二看三问四查	

续表

大小便的观察	
运动中面色的观察	

其他的观察幼儿健康的方法

🔗 **知识链接**

∽ 晨间接待中的观察 ∾

一摸二看三问四查。一摸：摸摸幼儿额头有无发热。二看：看幼儿精神状态、面色、咽部有无异常；看皮肤有无皮疹、伤口及某些传染病的早期表现，如发现可疑者及时报告，以便隔离、观察、确诊。三问：问幼儿饮食、睡眠、大小便有无异常情况。四查：查看幼儿衣裤兜内、书包内有无不安全物品，如发现问题迅速处理，不安全物品不允许带入园内。

∽ 如厕保育中大小便的观察 ∾

通过量、次数、颜色、透明度和气味方面观察幼儿大小便是否异常。正常小便：6～7次/天，1000毫升/次，呈淡黄色，澄清透明，无特殊气味。

观察大便：通过量、形状、颜色、气味等方面观察是否异常。正常大便：1～2次/天，柔软条状，呈黄褐色，一般臭味。

～⌒ **体育活动中的观察** ⌒～

观察幼儿的面色：运动中的幼儿脸色红润，出汗不多，呼吸较快，动作协调、准确，步态轻稳；注意力集中，反应正常，情绪愉快。这说明幼儿的运动是适度的。

若幼儿脸色十分红或苍白，大量出汗，呼吸急促、节奏混乱；动作的协调性、准确性和速度均降低，甚至出现步态不稳、颤抖等现象；同时幼儿的注意力分散，反应迟钝，表现出倦怠或疲劳，这说明幼儿的运动情况是有些过度疲劳的。

～⌒ **增加观察频次的方法** ⌒～

除了每天早上在晨间接待环节进行"一摸二看三问四查"，在中午和晚上两个时间段也可以使用这个方法，称之为幼儿全日观察方法，也叫晨午晚检。

～⌒ **定期观察健康的方法** ⌒～

制定幼儿园健康检查制度。入园体检及定期的体检也是了解和观察幼儿健康的途径和方法。

（1）新入园幼儿的健康检查

① 幼儿在入园前必须到当地妇幼保健机构或卫生行政部门指定的医疗卫生机构进行全身体格检查，经检查合格后才能入园。健康检查表上的项目应填写完整、正确，体检一个月内有效。

② 幼儿入园时应将健康检查表和预防接种证交给幼儿园。

③ 对有传染病接触史的幼儿，必须经过医学观察，观察期满且无症状再做检查，正常者可入园。

④ 幼儿转园，应凭原在园的健康检查表、无传染病接触史的转园证明办理转园手续。幼儿离开园所三个月以上，需要重新体检后方可再入园所。

⑤ 有严重先天性心脏病、腭裂、癫痫、中度以上智力低下（不适应集体生活、不能接受教育）等疾患的儿童未矫治前不宜入园。

⑥ 入园体检时发现疾病应及时治疗，患营养不良、贫血等可以入园后矫治，患传染病应隔离治疗，痊愈后凭医疗单位的证明方可入园。

（2）幼儿定期体格检查

① 幼儿入园后应定期体检，每年一次，每次均按常规进行全面体检。

② 幼儿每半年测身高体重一次，每学期查视力一次，所有在园的幼儿每年查血红蛋白一次。

③ 定期体检后要进行幼儿健康状况分析评价和疾病统计，发现疾病或缺点及时矫治。

入园体检表（见表2-15-3）

表2-15-3　儿童入园（所）健康检查表

姓名			性别		年龄		出生日期	年　月
既往病史		1. 先天性心脏病		2. 癫痫	3. 高热惊厥		4. 哮喘　5. 其他	
过敏史					儿童家长 确认签名			
体格检查	体重		kg	评价	身长(高)	cm	评价	皮肤	
	眼	左		视力	左	耳	左	口腔	牙齿数	
		右			右		右		龋齿数	
	头颅		胸廓		脊柱四肢		咽部	
	心肺		肝脾		外生殖器		其他	
辅助检查	血红蛋白（Hb）				丙氨酸氨基转移酶			
	其他							
检查结果					医生意见			
医生签名：				检查单位：				
体检日期：	年　月　日						（检查单位盖章）	

活动 3　心理健康的观察方法

请你认真想一想，如何通过幼儿的精神状态和情绪状态来观察幼儿的心理健康情况，把想法写下来。

心理健康的观察方法

🔗 知识链接 ━━━━━━━━━━━━━━━━━━

～⊂ **精神状态的观察方法** ⊃～

（1）与正常幼儿的一般特点相比较

一般来说，幼儿活泼好动，对各种事情充满了好奇心，面色红润，情绪愉快。如果某个幼儿明显表现出不爱活动，对各种事情都没有兴趣，则表明精神状态不好。

（2）与该幼儿平时一般的表现相比较

每个幼儿都有自己的性格特点，如有的幼儿活泼好动，有的幼儿比较安静内向。这些性格特点，保育员是可以观察到的。如果一个幼儿与平时相比，突然不爱动，不想说话，精神状态不好，则要注意特别关注了。

～⊂ **幼儿常见的情绪表现** ⊃～

（1）哭闹

一般来说，年龄小、情感外露的幼儿在情绪不佳时，倾向于采取哭闹、大声喊叫、发脾气等方式表达自己心中的不满和压抑。这种表达方式比较直观外露，容易被保育员观察和把握。

（2）紧张焦虑

胆小、缺乏安全感的幼儿，经常表现出焦虑、恐惧、心神不宁的情绪状态。这类幼儿不能很好地融入班内的集体生活，经常表现出吃得少或几乎不吃，睡得少或睡得不踏实，不能安心玩耍，无心参加班内的集体活动。这种情绪状态对幼儿的身心伤害很大，很容易引发幼儿的身心疾病。

（3）沉闷

有些性格比较内向的幼儿在情绪不佳时，常表现出面露难色、沉默不语、孤独离群、不愿参加集体活动等。

（4）喋喋不休地告状

幼儿在受到挫折或遇到矛盾冲突时，常常会将事由和心中的不满告诉保教人员，以寻求教师的同情和帮助。这种以寻求帮助来缓解心理压力的策略是可以理解的，不仅能消除幼儿心理的郁积，而且表现出了幼儿对教师的信任。保教人员应该耐心倾听、认真对待、积极处理，帮助和指导婴幼儿采取正确的心态和方法应对挫折，化解矛盾和冲突，使幼儿形成积极的情绪。

（5）消极的心理防御

如果幼儿长期受到压抑，最终会导致心理失衡，甚至用消极的心理防御方式处理问题。比如，婴幼儿会用一些破坏性的方式暂时缓解心理压力，求得心理平衡。如果长期下去，会养成幼儿使用消极的、极端的方式处理问题的习惯，这种习惯是非常危险的。

꧁ 幼儿不良情绪的疏导 ꧂

（1）对情绪不佳的幼儿要给予特别关注，尤其是由于生病引起的情绪不佳。

（2）对其他原因引起的情绪不佳，要主动共情，找到幼儿情绪不佳的原因，给幼儿及时疏导。

要充分认识到，幼儿的心理健康非常重要，保教人员给幼儿塑造的心理环境对幼儿的身心健康影响非常大，保教人员一定要营造和谐的人际关系，帮助幼儿情绪安定，心情愉快。

学习总结

1. 个人复盘

请使用思维导图的形式，对本活动的学习内容进行梳理。

2. 小组复盘

请小组成员一起通过讨论、查阅书籍或是资料的方式，相互交流幼儿出现的情绪问题，并想一想可以采用哪些方法帮助幼儿，把方法记录下来与全班分享。

学习测试

1. 请你写一些你对幼儿身心健康重要性的理解。

2. 请简述幼儿身体健康的指标。

3. 请列举 3 个观察幼儿身体健康的方法。

4. 写一写幼儿常见的情绪表现有哪些。

学习评价

学生姓名：　　　　　　　　评价内容：生活健康观察　　　　　　班级：

学习任务	自我评价			小组评价			教师评价		
	1～5	5.1～8	8.1～10	1～5	5.1～8	8.1～10	1～5	5.1～8	8.1～10
	总占比 30%			总占比 30%			总占比 40%		
活动 1 完成情况									
活动 2 完成情况									
活动 3 完成情况									
出勤									
纪律									
学习态度									
表达能力									
合作能力									
问题回答									
创新能力									
小计									
总评									

综合评语	自我评价
	小组评价
	教师评价

任课教师：　　　　　　日期：

学习任务十六 生活环境创设

学习目标

1. 了解幼儿园生活环境创设的重要性。
2. 掌握支持幼儿生活习惯培养的生活环境创设法。
3. 能与小组成员共同合作完成生活环境的制作。

学习准备

1. 资料准备："七步洗手法""我要刷牙""我不挑食""我能自己穿脱衣服"等环境创设案例图片。
2. 材料准备：制作墙饰使用的彩纸、剪刀、胶带、画笔等工具。

学习活动

活动1 环境创设的重要性

请你欣赏这些环境创设的照片，想一想什么是幼儿园环境创设，环境创设对幼儿的发展是否重要。请写一写你的思考。

我的思考

知识链接

幼儿园的环境创设

环境在幼儿教育中起到十分重要的作用，幼儿园教育的对象和幼儿园教育本身的特性决定了幼儿园的环境作为一种隐性教育手段而出现。蒙台梭利认为"我们教育体系的最根本特征是对环境的强调。"瑞吉欧教育也认为环境是促进儿童学习与发展的"第三位老师"。《幼儿园教育指导纲要（试行）》中明确提出："环境是重要的教育资源，应通过环境的创设和利用，有效地促进幼儿的发展。"儿童是在与环境的相互作用下学习的，环境是一个可以支持社会互动、探索与学习的"容器"，环境应为儿童的学习与发展提供多种可能性。为儿童创设符合其兴趣、需要，生态、自然、和谐，并能促进其身心发展的环境。

幼儿园环境创设的意义

环境是幼儿每天都会触及的有形、无形的事物总和，幼儿的身心发展、社会化发展及个性发展，无一不受到它的影响。因此，环境创设是一项分量非常重的工作。那么，是什么决定了环境创设工作在幼儿园教育中的重要性？我们应该怎样看待环境创设工作呢？

（1）幼儿教育的特性决定了环境创设的重要性

① 生活化。儿童在生活中学习和成长，幼儿园教育目标和内容的生活化特征非常明显，因此幼儿教育强调要遵循保教合一的原则。保教人员要利用幼儿身边的事物设计教育活动，从而激发幼儿学习。因为这些活动设计更能满足幼儿的实际生活需要，课程实施过程也更易被儿童接受。儿童身处幼儿园的环境之中，幼儿园生活本身就是幼儿生活的一部分，因此，创设生活化的环境符合儿童发展的根本需要。

② 游戏化。游戏是幼儿园教育的基本活动形式，也是实施幼儿保育的基本原则。儿童天生就是会游戏的，对于儿童来说，游戏是一种自发自主的主体性学习活动。儿童在游戏中的发展离不开丰富的游戏环境刺激，吸引人的游戏场景布置，有趣的游戏情境创设，各种各样游戏材料的提供。环境作为隐性教育手段在儿童游戏活动中发挥着巨大的支持作用。

③ 活动化。幼儿的思维方式以直觉行动思维和具体形象思维为主，他们需要通过各种感官来认识世界，只有获得了丰富的感官经验，幼儿能理解事物，形成直接经验。儿童是在活动中学习的，幼儿园环境创设中为幼儿提供的视觉、知觉、触觉等丰富的感知操作材料，帮助幼儿在与环境的互动中积累经验形成概念。因此，要想满足幼儿对于活动的需要，就要通过环境调动幼儿动手、动脑、动心进行学习。

④ 潜在化。教育作为一种社会活动，其过程是一种信息传播的过程。大学教师、中小学教师传播信息的途径主要是讲、说、写、演示等方式方法，学生通过课堂上的学习，就可以完成从接收信息到综合掌握信息再到学会灵活运用信息解决问题的学习过程。也就是我们常说的"传道—授业—解惑"的过程。幼儿教育则因受教育对象年龄小、身心发展不成熟等特点，需要将能力、知识、技能等教育培养的内容碎片化呈现，采用随机教育、渗透教育的方式，将教育目标物化到墙饰、材料中，让环境成为另一位"教师"，潜移默化地对幼儿发生作用。这也就说明了环境创设在幼儿园教育中的重要意义，要想寓教育于无形就必须发挥环境的潜在作用。

（2）先进的幼教理念引领了环境创设

① 《幼儿园教育指导纲要（试行）》："环境是重要的教育资源。"

"幼儿园应为幼儿提供健康、丰富的生活和活动环境，满足他们多方面发展的需要，使他们在快乐的童年生活中获得有益于身心发展的经验。"

② 陈鹤琴："环境即教育。"陈鹤琴认为幼儿的知识是由经验得来的，他们接触的环境越广，获得的知识就越多。陈鹤琴强调"让小孩与环境有充分的接触"。

③ 蒙台梭利："做有准备的教师"。蒙台梭利说："环境就像人类的头部，影响着幼儿的整体的发展。"他认为环境是不教的教育。如果儿童被置于有利于他们发展的环境中，使他们能按自己的需要、发展的节奏和速度来行动，他们就会展现出惊人的特性和智慧。蒙台梭利反对以教师为中心的"填鸭式"教学，主张由日常生活训练着手配合良好的学习环境、丰富的教育，用有准备的环境支持儿童自发地主动学习，支持儿童自然而然地建构完善人格。蒙台梭利教学法包含的四大要素是环境、教具、教师、儿童，这四大要素构成一个整体的环境。

④ 瑞吉欧："幼儿是环境的主人。"意大利瑞吉欧教育工作者将环境视为"可以支持社会互动、探索与学习的容器"，努力营造一种舒适、温暖、愉悦的气氛及令人感到快乐的环境。

⑤ 建构主义理论："一环境是幼儿学习的重要媒介。"建构主义代表人皮亚杰认为，在幼儿的发展过程中，物质环境的经验及社会环境的作用是一个动态的过程。建构主义理论认为，认知不是通过教师传授获得的，而是学习者在一定情境中运用已有的知识经验，通过与环境材料相互作用和人际互动而主动建构的。建构主义理论强调了环境在幼儿学习发展中的重要地位。

活动 2　生活环境创设的注意事项

幼儿的环境创设涉及幼儿园各个角落，比如院落的环境、大厅的环境、走廊的环境、班级的环境。保育员需要在班级中为幼儿进行生活环境创设，以便更好地帮助幼儿养成良好的生活习惯。保育员在进行生活环境创设的时候都要注意什么呢？

请小组讨论，并相互交流，说一说你的想法。

我的想法

 生活环境创设的案例欣赏（见图2-16-1、图2-16-2、图2-16-3）

图2-16-1　保护牙齿

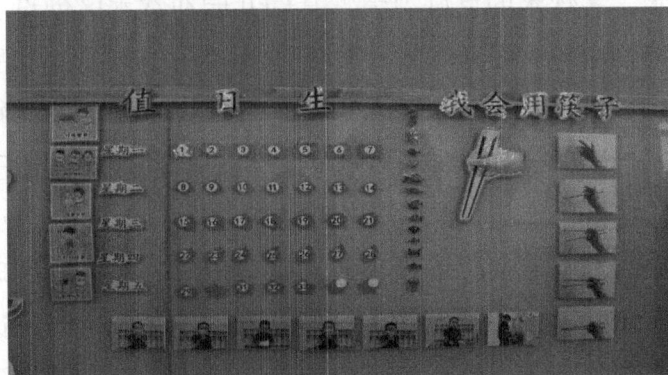

图2-16-2　我会用筷子

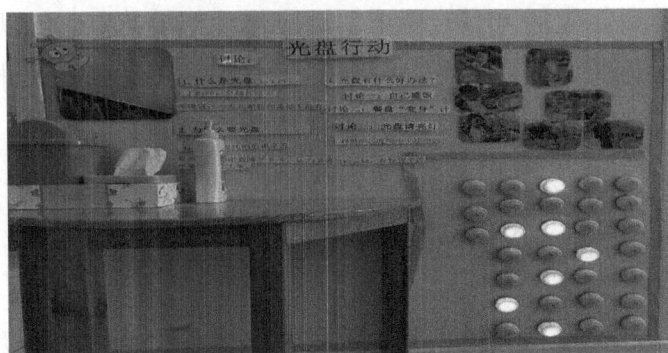

图2-16-3　光盘行动

 生活环境创设的方法

（1）支持儿童生活习惯培养的环境创设要符合儿童的视角。环境的设计一定要注意高度与位置，符合儿童的视角，要使儿童能够舒适直观地感受到环境的影响。

（2）支持儿童生活习惯培养的环境创设要具有互动性。充分挖掘可利用的生活环境和空间，创设与幼儿互动对话的环境，引导和支持幼儿自主生活，帮助幼儿提高生活能力、形成良好习惯。例如，我们把一日生活的流程按照内容对应时间并以儿童绘画的形式呈现在门厅，不仅达到提示幼儿们遵守时间安排的作用，同时还与帮助幼儿认识时间的数学活动起到了很好的呼应作用，并体现了保教结合的原则。

（3）支持儿童生活习惯培养的环境创设应具有针对性。一定要针对儿童的具体问题来设计，避免只追求美观而忽略了应有的教育价值。在日常工作中保育员要善于观察与发现，针对本班幼儿实际发生有待解决的普遍性问题来设计，这样才能更有效地促进良好生活习惯的培养。

（4）支持儿童生活习惯培养的环境创设要具有可变性。当环境创设对于培养儿童生活习惯起到很好的辅助功能后，要灵活适当地增减变化。例如，情境不变，改变目标；内容不变，改变情境，这样才能更有效地发挥作用，避免使环境创设成为一个空摆设。为了使幼儿逐渐养成主动饮水、多饮水的良好习惯，某幼儿园在饮水区创设了主题为"今天我健康吗"的互动墙饰，墙饰中包含了两张对比鲜明的照片（一张是健康的伸舌图片，一张是厚重上火的草莓舌图片）以及一面小镜子，提供这一墙饰不仅使幼儿知道什么是身体健康的信号，什么是上火不健康的信号，而且幼儿们能第一时间通过照镜子直观地观察自己的舌头，了解自己的健康情况，有效地达到使小朋友主动饮水，避免上火的目的。在实施了一段时间后，幼儿园又在厕所增加了以"我的小花更健康"为主题的环境创设，以两朵小花为主形象，一朵小花神采飞扬，花心呈现白色表示小便颜色透明，说明饮水量合适；一朵小花神情沮丧，花心呈现黄色表示小便颜色偏黄，说明饮水量不足需多饮水，这样在幼儿们如厕时也起到了主动观察提示的作用。

（5）帮助儿童培养良好生活习惯的环境创设应体现年龄特点。可以在小班多运用生动、可爱、简洁的卡通形象图片、照片；中大班则可逐渐加入儿童自己设计、绘画的符号形象，让幼儿更多地参与到墙饰的创设中，体现儿童的主人翁意识。

活动 3　掌握生活环境创设的方法

请小组共同讨论，根据生活环境创设的注意事项，请分别设计小班、中班、大班三个班级各一个生活环境创设的作品，使用准备好的材料共同完成，完成后请把作品拍下来贴在下方，并用文字介绍作品创设的情况。

我们的作品照片-小班

作品文字介绍

我们的作品照片-中班

作品文字介绍

我们的作品照片-大班

作品文字介绍

🔗 **知识链接**

〰️ **创设生活环境支持儿童生活习惯的培养的建议** 〰️

（1）小班——可以创设儿歌、游戏的环境引导儿童掌握正确的学习方法。幼儿年龄小，在家的时候受到家人的细致照顾，因此生活自理能力弱。因此，帮助幼儿学习自理的方法是非常重要的。

① 儿歌式的指示环境

儿歌具有短小精悍、朗朗上口、易于理解的特点，是小班幼儿熟悉并喜欢的一种语言形式。因此，在小班初期教幼儿学习一些生活自理方法时，常常用到儿歌。例如，在"学习叠衣服"的活动中，边说儿歌边演示叠衣服的方法，让幼儿自己实践叠衣服，出示叠衣服的步骤图照片，并唱儿歌"大门关关好，胳膊抱一抱，低低头、弯弯腰，我的衣服叠叠好"，并让幼儿根据自己在实践中遇到的困难，适当借鉴，体验成功。

② 游戏性的指示环境

游戏是幼儿基本的活动，更符合小班游戏化的学习方式。因此，可以利用游戏的方法帮助幼儿学习掌握一些生活自理的方法。比如，根据小班幼儿不会自己穿衣服的现状，创设"盖房子"的游戏情境，"抓领子、搭帐子，小老鼠钻洞子，关大门，开火车，我的房子盖好了"，让幼儿在盖房子的游戏中学习穿衣服的要领。然后在幼儿实践体验环节中，利用照片加游戏情境介绍的方式布置在环境中起提示作用。

（2）中班——可以创设平面指示、立体操作、欣赏展示的环境巩固能力。有价值的环境创设，能直接引领幼儿的行为，发挥环境的指导作用。因此，要注重环境创设的有效性，让幼儿在生活中利用环境，在与环境的真实互动中巩固生活技能，获得自信。

① 平面的指示环境，提示幼儿熟悉方法。幼儿升入中班后，除了进一步巩固小班建立的良好生活习惯，班级还要增添一些新的习惯养成方法。因此，日常生活中提供的指示性的环境显得尤为重要。这些指示性的环境，多为活动中引出的墙面生活环境，延伸到幼儿的生活中，为那些还没有掌握方法的幼儿提供帮助。例如，将穿衣服、叠衣服的方法拍成照片布置到环境中，当幼儿早上来园，或户外活动前后出现不会穿脱衣服的现象时，可以到墙饰前看一看照片，根据上面的步骤提示动手尝试，达到逐渐熟悉穿衣方法的目的。

② 立体的操作环境，支持幼儿掌握技能。如果说平面的环境具有指示性的作用，能有效吸引幼儿视觉与思维的参与，那么立体的环境就更能激发幼儿动手操作的兴趣，让幼儿在与操作性的环境互动中获得更大的发展。比如，为锻炼幼儿小手的灵活性，让幼儿更熟练地掌握使用筷子的方法，在墙面上创设"喂豆"的立体操作环境，幼儿尝试着用筷子夹起大小不同、形状各异的豆子，喂到喜欢的小动物的嘴里。这些环境便于幼儿随时去动一动、试一试，在动手中获得真实的经验，逐渐掌握生活技能。再如，为巩固幼儿刷牙的方法，以及培养幼儿对刷牙的兴趣，可结合"小熊拔牙的故事"，创设"我帮小熊来刷牙"的墙面操作环境。让幼儿利用真实的牙刷，来给用纸箱和牙齿模型做的"小熊"刷牙，获得较好的效果。

（3）大班——创设自己做主、自我管理的环境，内化好习惯。随着时间的推移，大班幼儿已经初步掌握了生活自理的方法，让幼儿在掌握了方法和技能后，逐渐将良好的生活习惯形成动力定型，就需要保育员不断创设新的环境，让幼儿在与新环境互动中自主做事，养成良好的习惯。

① 创设"星期宝宝"的环境，准备周一至周五不同颜色的星期宝宝卡片，并在每个小朋友的柜子上准备了小插袋，每天早上来园后，幼儿们会拿起相对应的星期宝宝卡片，插在自己的小插袋里，这样依次循环，如果一周天天坚持来园不迟到，那么就可以得到五张星期宝宝的卡片，集齐五张卡片在周五离园时就可以得到一枚精致的宝宝星。这样的互动墙饰环境极大地调动了幼儿们按时来园的积极性，幼儿们把早来园得到星期宝宝作为一件快乐的事情来做，增强了时间观念，效果显著。

② 自己的事情自己做，我的时间我做主。可以创设自助喝酸奶的记录墙饰。让幼儿自主地分配自己喝酸奶的时间，请每个幼儿设计一张一面写着自己的名字，另一面是自画像

的"个性化的喝奶卡"插在自己的柜门上，在一天中可以自己选择时间喝酸奶，如果喝掉了就把卡翻到有自画像的一面，名字面朝外表示还没有喝。这样的方法可以让所有的小朋友和保育员一目了然，相互提醒。

学习总结

1. 个人复盘
请使用思维导图的形式，对本活动的学习内容进行梳理。
2. 小组复盘
请小组成员一起到幼儿园的实际环境中去观摩生活环境。

学习测试

1. 请简述环境创设对幼儿发展的重要性。
2. 请简述创设幼儿生活环境时都要注意什么。

学习评价

学生姓名：　　　　　　　　　评价内容：生活环境创设　　　　　　　　　班级：

学习任务	自我评价			小组评价			教师评价		
	1～5	5.1～8	8.1～10	1～5	5.1～8	8.1～10	1～5	5.1～8	8.1～10
	总占比30%			总占比30%			总占比40%		
活动1 完成情况									
活动2 完成情况									
活动3 完成情况									
出勤									
纪律									
学习态度									
表达能力									
合作能力									
问题回答									
创新能力									
小计									
总评									
综合评语	自我评价								
	小组评价								
	教师评价								

　　　　　　　　　　　　　　　　　任课教师：　　　　　日期：

模块三

卫生保健

　　幼儿园卫生保健工作的目的是保证幼儿身心正常发育和健康成长，园级的卫生保健工作主要是由幼儿园的卫生保健医负责，班级的卫生保健工作由保育员配合完成。卫生保健的工作内容主要包含：制定合理的一日生活制度；提供合理的营养膳食；制订体格锻炼计划；建立健康检查制度；执行卫生消毒制度；协助落实国家免疫规划；加强日常保育护理工作；建立卫生安全管理制度；制订健康教育计划以及做好各项卫生保健工作信息的收集、汇总和报告工作。在这些工作内容中，很多是通过班级来完成的，这就要求保育员了解班级卫生保健工作的基本内容，掌握卫生保健的基本技能，配合好保健医及班级教师，做好班级的卫生保健辅助工作，从而更好地守护幼儿健康。

学习任务一　了解卫生保健知识

学习目标

1. 简单了解卫生保健的工作内容。
2. 初步了解卫生保健室的设立标准。
3. 清楚班级的卫生保健记录内容。

学习准备

1. 资料准备：卫生保健室的照片、卫生保健设施的图片、班级卫生保健记录表（交接班记录本、班级消毒记录、考勤及缺勤追踪记录、就餐人数记录、服药记录）。
2. 环境准备：模拟卫生保健室。

学习活动

活动1　知己知彼

保育员的工作主要是面向班级，保健医的工作面向的是幼儿园所有的班级。保育员的工作和保健医的工作都是为了幼儿的健康成长，了解保健医的工作内容，可以更好地与保健医进行配合。请你结合保育员的工作职责和工作内容，想一想哪些工作和保育员的工作是密切相关的？

保育员的工作内容	保健医的工作内容

续表

保育员的工作内容	保健医的工作内容

🔗 **知识链接**

～⌒ 幼儿园卫生保健工作的主要任务 ⌒～

幼儿园卫生保健工作的主要任务是保障幼儿的身心健康，根据幼儿的生理特点和生长发育规律，研究制定促进幼儿身心健康发展的卫生要求与措施，贯彻以预防为主的工作方针，预防控制传染病，降低常见病的发病率，为在园儿童创造良好的学习与生活环境，为幼儿身心健康发展打下良好的基础。

～⌒ 保健医的工作职责 ⌒～

保健医的工作职责是负责协助园长组织实施有关卫生保健方面的规章制度并检查监督执行，具体职责有如下几个方面。

（1）在园长领导下，按保健部门要求，制订园所卫生保健工作计划，监督检查各项计划的落实情况。

（2）严格执行儿童入园及定期健康检查工作，认真做好晨检，深入各班巡视，发现问题及时处理，加强对体弱儿童的管理及患病儿童的全天观察工作。

（3）管理好儿童膳食，每周制订带量食谱，均衡营养，保证按量供给；定期做营养计算并分析，指导炊事人员做好饮食卫生及餐具消毒工作。

（4）做好儿童的体格发育测量及评价工作。

（5）负责儿童全日健康观察，及时发现儿童的异常征象，通知家长或护送至医院诊治；在儿童发生意外伤害时及时处理。

（6）做好传染病的管理，发现传染病要早隔离、早报告、早治疗。

保健医的工作内容

1．根据儿童不同的年龄特点，建立科学、合理的一日生活制度，培养儿童良好的卫生习惯。

2．为儿童提供合理的营养膳食，科学制订食谱，保证膳食平衡。

3．制订与儿童生理特点相适应的体格锻炼计划，根据儿童年龄特点开展游戏及体育活动，并保证儿童户外活动时间，增进儿童身心健康。

4．建立健康检查制度，定期开展儿童健康检查工作，建立健康档案。坚持晨检及全日健康观察，做好常见病的预防，发现问题及时处理。

5．严格执行卫生消毒制度，做好室内外环境清洁及个人卫生清洁工作。加强饮食卫生管理，保证食品安全。

6．协助落实国家免疫规划，在儿童入园时应当查验其预防接种证，未按规定接种的儿童要告知其监护人，督促监护人带儿童到当地规定的接种单位补种。

7．加强日常保育护理工作，对体弱儿进行专案管理。配合妇幼保健机构定期开展儿童眼、耳、口腔保健，开展儿童心理卫生保健。

8．建立卫生安全管理制度，落实各项卫生安全防护工作，预防伤害事故的发生。

9．制订健康教育计划，对儿童及其家长开展多种形式的健康教育活动。

10．做好各项卫生保健工作信息的收集、汇总和报告工作。

活动 2　卫生保健室的标准

保育员主要的工作场所是在班级，保健医除了要巡班以外，很多工作需要在卫生保健室完成。卫生保健室长什么样子呢？里边都有什么呢？请小组成员一起通过多种形式搜集信息，并进行讨论，把讨论结果写下来。

我了解的卫生保健室

🔗 **知识链接**

ᴥ 卫生保健室的标准 ᴥ

《托儿所幼儿园卫生保健管理办法》第十条规定："托幼机构应当根据规模、接收儿童数量等设立相应的卫生室或者保健室，具体负责卫生保健工作。卫生室应当符合医疗机构基本标准，取得卫生行政部门颁发的《医疗机构职业许可证》。保健室不得开展诊疗活动，其配置应当符合保健室设计基本要求。"

（1）保健室的面积不少于 $12m^2$（如图 3-1-1 所示），保健室有观察床、桌椅、药品柜、资料柜、流动水或代用流动水的设施（如图 3-1-2 所示）。

（2）配备有儿童体重计（杠杆式）、身高坐高计（3 岁以下卧式身长计）（如图 3-1-3 所示）、灯光对数视力箱、体温计等设备。

（3）配备有卫生消毒设备、常用消毒液、紫外线消毒灯（如图 3-1-4 所示）。

（4）应当配档案资料柜（如图 3-1-5 所示）。

图 3-1-1　保健室

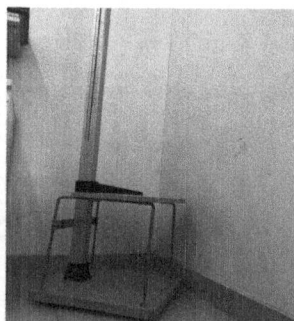

图 3-1-2　流动水设施　图 3-1-3　身高坐高计　图 3-1-4　紫外线消毒灯　图 3-1-5　档案资料柜

活动 3　班级卫生保健工作记录

案例分析

小班的保育员杨老师刚刚参加工作，对保育工作充满热情和积极性，每一天都认真地完成保育员的工作内容，消毒工作按要求完成，每天根据幼儿出勤人数去取餐。今天，幼儿园的保健医来到杨老师的班级，想和杨老师交流一下工作情况，就问道："杨老师，昨天你们班上午出勤多少幼儿？下午有特殊情况吗？昨天服药的幼儿今天情况怎么样？"杨老师回答："昨天上午好像出勤了 30 个小朋友，下午好像有一个小朋友提前被家长接走了。"杨老师又补充道："昨天服药的好像是乐乐。"保健医听到杨老师不太确定的回答，无法统计正确的数字，不能了解班级真实的保育工作情况，很是为难。

　　请你分析一下杨老师工作既认真又努力，是哪里出现了问题呢？有什么好方法帮助杨老师吗？请思考后写出你的解决方案。

我的解决方案

知识链接

班级卫生保健工作记录

　　好脑子不如烂笔头。在班级的卫生保健工作中，保育员需将以下工作内容做到随时记录，清楚地记录每日的工作情况，这样才能更好地与保健医配合工作。

　　在幼儿园班级的卫生保健工作中，交接班记录表、班级消毒记录、考勤及缺勤追踪记录、就餐人数记录表、服药记录单这五个表格需要在工作时随时记录。

　　（1）班级交接班记录表（如图 3-1-6 所示）

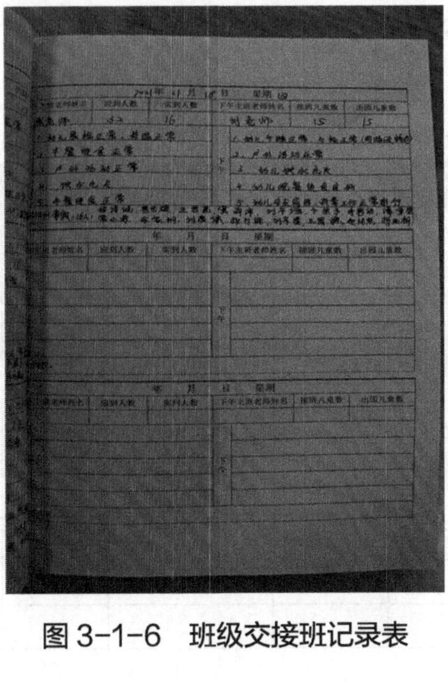

图 3-1-6　班级交接班记录表

（2）班级消毒记录

班级消毒记录需要每日如实填写，消毒记录的要求在第二模块学习任务五中有详细描述，此处不再赘述。如表 3-1-1 所示。

表 3-1-1　班级消毒记录

幼儿园各种物品清洁消毒方法、浓度与执行时间																							年	月
消毒范围	消毒项目	酒精浓度与方法	频率	执行时间																		执行人签字	
				周一	周二	周三	周四	周五	周一	周二	周三	周四	周五	周一	周二	周三	周四	周五	周一	周二	周三	周四	周五	
室内环境	门把手水龙头楼梯扶手	①用干毛巾擦拭②1:250mg/L 健之素消毒液抹布擦拭滞留 15 分钟，再用湿抹布清除残留消毒剂	每天一次																					
	桌面	①每个桌子三块毛巾②第一遍用清洁毛巾③第二遍用 1:250mg/L 健之素消毒液擦拭滞留 15 分钟④第三遍再用湿抹布清除残留消毒剂	①早餐前②午餐前③晚餐前																					
	地面楼道	①用扫帚清除灰尘②用干净、常温抹布擦拭③用 1:500mg/L 健之素消毒液的常温抹布擦拭（仅在晚餐后）2 个墩布，有标识	①早餐后②午餐后③晚餐后																					
	幼儿桌椅床沿杯架玩具柜窗台	先用抹布擦拭干净，使用浓度为有效氯 100～250ml/L、消毒 15 分钟，用湿抹布擦除残留消毒剂	每天一次幼儿入园前																					
	儿童拖鞋	清水刷洗，使用浓度为有效氯 250 mg/L、浸泡 20 分钟后，用水清洗后，悬挂晾干	根据污染情况，每 2 周消毒一次																					

（3）考勤及缺勤追踪记录

真实记录幼儿出勤情况及缺勤原因。要求出勤及缺勤标记，如"、"代表出勤，"○"代表缺勤（缺勤儿童在 3 天内查明原因后在"○"内补全相应的符号），"—"表示事假，"×"表示病假。因病缺勤需在备注中注明疾病名称，并与交接班记录表及缺勤追踪记录保持严格一致。如表 3-1-2 所示。

表 3-1-2　考勤及缺勤追踪记录

儿童因病缺勤、传染病早期症状、疑似传染病追踪登记表　　　　　　年　　　月

序号	日期	儿童姓名	性别	年龄	班级	排查原因*	主要症状、体征	是否就诊	就诊医院	排查结果	接话人	记录人
1												
2												
3												
4												
5												
6												
7												
8												
9												
10												

序号	日期	儿童姓名	性别	年龄	班级	排查原因*	主要症状、体征	是否就诊	就诊医院	排查结果	接话人	记录人
11												
12												
13												
14												
15												
16												
17												
18												
19												
20												
21												
22												
23												

*1. 因病缺勤　　2. 传染病早期症状　　3. 疑似传染病

（4）就餐人数记录表

保育员统计就餐人数是为了根据人数为幼儿取餐，保健医可以将就餐人数的统计作为每日食材出库的依据，以及在营养计算的月份统计进餐总人数。如表 3-1-3 所示。

表 3-1-3 　　　　年　　　　月就餐人数登记表

班级	早餐	中餐	晚餐	总人次数	总人数
合计					

（5）班级服药记录单（如表 3-1-4 所示）

表 3-1-4　幼儿园儿童服药记录

儿童姓名：　　　　　　　　年　　月　　日　　　　　　　　　　　　班级

药物名称	服药时间	服药剂量	家长签名	执行时间与人

注：1．请家长按此单要求仔细填写。

2．教师给儿童服药后，该药条、药袋或药品包装和药品使用说明书须保留三天，不用粘贴在各班交接班签记册服药栏。

活动 4　案例分析

请仔细看一看下面的交接班记录情况（如图 3-1-7 所示），依据交接班记录的要求，说一说你发现的问题，并写下来。

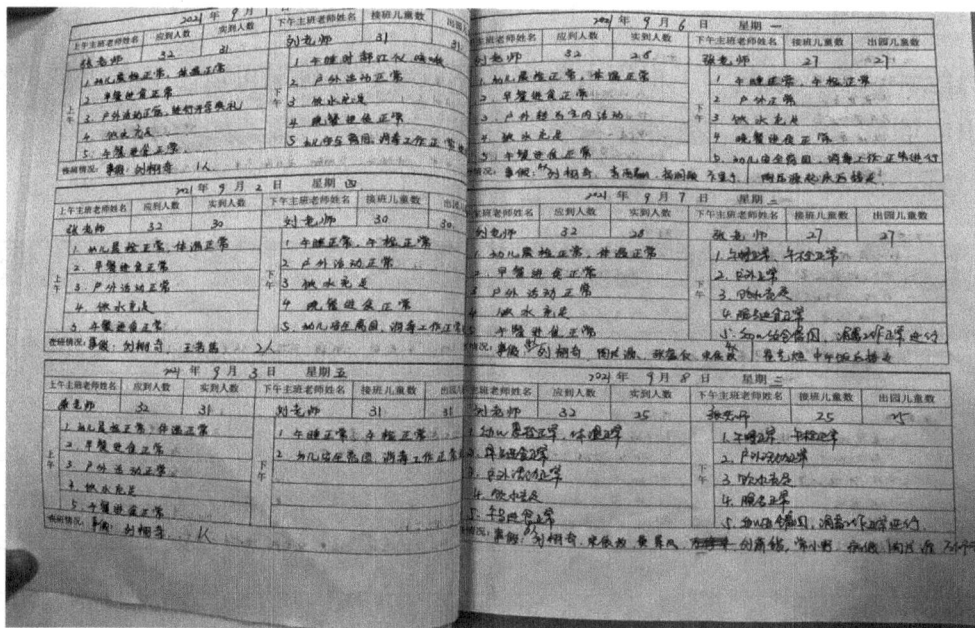

图 3-1-7　交接班记录

我的分析

🔗 知识链接

⌐∽ 交接班记录的记录要求 ∾⌐

1．交接班记录要及时、认真、准确，不能空项或遗漏，要切实反映班级幼儿的全天健康状况。记录应有发生时间、儿童状况及处理结果。

2．上午、下午教师需交接幼儿出勤人数、健康情况，服药幼儿姓名、次数、数量、时间，家长嘱托内容，中途接走的幼儿姓名，提醒接班教师应注意或需要做的事及在全日健康观察中发现与幼儿健康有关的问题（精神状态、饮食、睡眠、大小便、外伤等）。

3．下午班与值晚班教师需交接本班幼儿人数，给予核实，并交接需要向家长说明的事。

4．值晚班教师要把全园没接走的幼儿总数点清，把幼儿组织到教师的视线所及区域活动。家长来接幼儿时，教师必须见到家长才能让幼儿离开，记清、记准接走幼儿的人员。

5．如果家长委托别人接幼儿，必须接到本班教师的说明，否则不准接走。

📜 学习总结

1．个人复盘
请使用思维导图的形式，对本活动的学习内容进行梳理。
2．小组复盘
小组成员一起将活动3的工作表逐一打印出来进行模拟填写，并相互交流感受。

📐 学习测试

1．请写一写在班级的卫生保健工作中，需要随时记录哪些表格。
2．请简述卫生保健室配备的设施设备。
3．在日常工作中，你会如何配合保健医的工作，写一写你的想法。

学习评价

学生姓名：　　　　　　　　评价内容：了解卫生保健知识　　　　　　　班级：

学习任务	自我评价			小组评价			教师评价		
	1～5	5.1～8	8.1～10	1～5	5.1～8	8.1～10	1～5	5.1～8	8.1～10
	总占比 30%			总占比 30%			总占比 40%		
活动 1 完成情况									
活动 2 完成情况									
活动 3 完成情况									
活动 4 完成情况									
出勤									
纪律									
学习态度									
表达能力									
合作能力									
问题回答									
创新能力									
小计									
总评									

综合评语	自我评价
	小组评价
	教师评价

任课教师：　　　　　　日期：

学习任务二　卫生保健设备的认识与操作

学习目标

1. 认识并能说出体重计、坐高计、视力箱的名称、作用。
2. 能熟练使用体重计、坐高计、视力箱。

学习准备

1. 设备准备：儿童体重计、身高坐高计、灯光对数视力箱、与儿童体重相近的物品。
2. 资料准备：儿童体重计、身高坐高计和灯光对数视力箱的照片。
3. 环境准备：模拟卫生保健室。

学习活动

活动1　认识卫生保健设备

在学习任务一中，知道了在卫生保健室会配备儿童体重计、身高坐高计、灯光对数视力箱这些设备，请小组讨论一下这三个设备的作用是什么。

儿童体重计的作用

身高坐高计的作用

灯光对数视力箱的作用

🔗 **知识链接**

⌒ᴥ **配备设备的目的** ᴥ⌒

为保障幼儿的安全，在幼儿园卫生保健室配备的基本设备是为了给幼儿进行体检使用，定期了解幼儿的身高、体重、视力的情况，所以需要学习体重计、坐高计、视力箱的使用方法。

⌒ᴥ **关于儿童体重计** ᴥ⌒

1. 儿童体重秤也叫体重计，是一种广泛应用于各种不同场所的测量儿童体重的产品。不同场所的要求不同所使用的体重计种类就不同，儿童体重秤的种类有机械杠杆式儿童体重秤、电子式儿童体重秤、智能式儿童体重秤。在幼儿园中配备的儿童体重秤属于机械结构杠杆式的一种体重秤。这种体重秤刻度清晰，性能稳定，测量也比较精准。

2. 体重计由钢板底座、幼儿座椅（座椅可折叠）、砝码、螺钉等部分构成（如图 3-2-1 所示）。

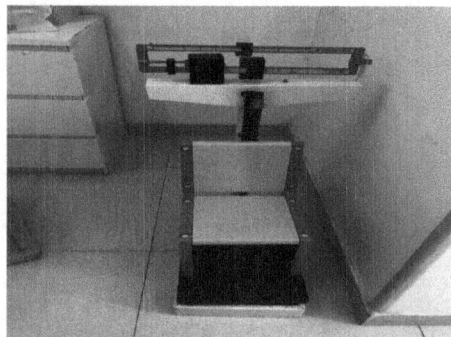

图 3-2-1　儿童体重计

关于身高坐高计

身高坐高计是为幼儿测量身高和坐高的一种设施，主要由立柱、座凳、测量板构成，如图 3-2-2 所示。

关于视力箱

视力箱用于检测幼儿视力，或进行弱视、盲视筛查使用。视力箱通常是由视力表（卡）和照明装置组成，照明装置为直接照明或后照明（视力表灯）。为了更精准地测试视力，还会搭配遮掩板。检查时，要严密遮盖不需要测试的眼睛，否则双眼测试视力会高于单眼视力，影响检查结果的准确性，如图 3-2-3 所示。

图 3-2-2　身高坐高计　　　　图 3-2-3　视力箱

活动 2　操作使用儿童体重计

小组成员一起，将与幼儿体重相近的物品放在体重计上，尝试操作儿童体重计，想一想如何操作，测量的结果才会准确，请把操作的步骤记录下来。

儿童体重计的操作步骤

知识链接

体重计的使用方法

1. 使用前，先检查其准确度和灵敏度。准确度要求误差不超过 0.1%，即每百千克误差小于 0.1 千克。

检验方法：以备用的 10、20、30 千克标准砝码（或用等重的标定重物代替）分别进行称重，检查指示读数与标准砝码误差是否在允许范围之内。灵敏度的检查方法：置 100 克重的砝码，观察刻度尺变化。如果刻度尺抬高了 3 毫米，或游标向远移动 0.1 千克而刻度尺仍维持水平位时，说明达到要求。

2. 测试方法：测试时，杠杆秤应放在平坦地面上，调整 0 点至刻度尺呈水平位。幼儿站立在秤中央，保教人员放置适当砝码并移动游标尺至刻度尺平衡。读数以千克为单位，精准到小数点后一位，测试误差不得超过 0.5 千克。

请小组每一个人都逐一地进行测试，直到操作熟练。3～6 岁儿童体重、身高适宜参考标准见表 3-2-1。

表 3-2-1　3~6 岁儿童体重、身高适宜参考标准

小班（3~4岁）	中班（4~5岁）	大班（5~6岁）
1. 身高和体重适宜。参考标准： 男孩： 　身高：94.9～111.7 厘米 　体重：12.7～21.2 千克 女孩： 　身高：94.1～111.3 厘米 　体重：12.3～21.5 千克	1. 身高和体重适宜。参考标准： 男孩： 　身高：100.7～119.2 厘米 　体重：14.1～24.2 千克 女孩： 　身高：99.9～118.9 厘米 　体重：13.7～24.9 千克	1. 身高和体重适宜。参考标准： 男孩： 　身高：106.1～125.8 厘米 　体重：15.9～27.1 千克 女孩： 　身高：104.9～125.4 厘米 　体重：15.3～27.8 千克
2. 在提醒下能自然坐直、站直	2. 在提醒下能保持正确的站、坐和行走姿势	2. 经常保持正确的站、坐和行走姿势

活动 3　操作使用坐高计

小组成员一起，将与幼儿体重相近的物品放在坐高计上，尝试操作坐高计，并把使用的步骤记录下来。

儿童坐高计的操作步骤

知识链接

～◇ 坐高计的使用方法 ◇～

1. 使用前，应校对 0 点，并用钢尺测量基准板平面红色刻线的高度是否为 10.00 厘米，误差不得大于 0.1 厘米。同时应检查立柱是否垂直，连接处是否紧密，有无晃动，零件有无松动，及时加以纠正。

2. 检测细则：要求幼儿脱掉鞋子，背向立柱站立在身高计的地板上，躯干自然挺直；头部正直，两眼平视前方，耳屏上缘与眼眶下缘最低点呈水平位；上肢自然下垂，两腿伸直，两足跟并拢，足尖分开约 60 度；足跟、骶骨部及两肩胛间区与立柱相接触，成"三点一线"站立姿势；保教人员单手将水平压板沿立柱向下滑动至幼儿头顶；读数时，保教人员双眼与水平压板平面等高。以厘米为单位，精确到小数点后一位，测试误差不得超过 0.5 厘米。

活动 4　操作使用视力箱

小组成员一起讨论视力箱的使用步骤，两人一组，一人作为测量者，一人作为被测量者，交换角色，做到熟练掌握使用方法，并把使用的步骤记录下来。

视力箱的操作步骤

知识链接

～◇ 视力箱的使用方法 ◇～

视力箱在操作前注意先进行悬挂，悬挂高度应在视力表 5.0 行视标，应与幼儿的双眼呈水平位置。视力表的照度约 500 勒克斯。

（1）检测细则：阅读距离为 5 米的视力箱，帮助幼儿站立在距离视力表 5 米的位置，用遮眼板将左眼轻轻遮上，先查右眼视力。

（2）可先从 5.0 一行视标认起，如果看不清再逐行上查，如辨认无误则逐行下查。要求每个视标辨别时间不超过 5 秒。规定 4.0～4.5 各行视标中每行不能认错 1 个，4.6～5.0

各行视标中每行不能认错 2 个，5.1～5.3 各行视标中每行不能认错 3 个，超过这一规定就不再往下检查，而以本行的上一行记录为该幼儿的视力。

（3）如 5 米处不能辨认视力表最上一行视标时，则让幼儿站在距离视力表 2.5 米处或 1 米远处进行检查。所得视力值应分别减去校正数值 0.3 或 0.7 后记为该幼儿的视力。

学习总结

1. 个人复盘

请使用思维导图的形式，对本活动的学习内容进行梳理。

2. 小组复盘

小组成员一起设计三张表格，分别记录幼儿的体重、身高和视力。

学习测试

1. 请写一写体重计的使用方法。

2. 请写一写身高计的使用方法。

3. 请写一写视力箱的使用方法。

学习评价

学生姓名：　　　　　　评价内容：卫生保健设备的认识与操作　　　　　　班级：

学习任务	自我评价			小组评价			教师评价		
	1～5	5.1～8	8.1～10	1～5	5.1～8	8.1～10	1～5	5.1～8	8.1～10
	总占比 30%			总占比 30%			总占比 40%		
活动 1 完成情况									
活动 2 完成情况									
活动 3 完成情况									
活动 4 完成情况									
出勤									
纪律									
学习态度									
表达能力									
合作能力									
问题回答									
创新能力									
小计									
总评									

综合评语	自我评价
	小组评价
	教师评价

任课教师：　　　　　　日期：

学习任务三　发热、惊厥、呕吐、喘息的发现与护理

学习目标

1. 掌握发热、惊厥、呕吐、喘息的基本知识。
2. 掌握发热、惊厥、呕吐、喘息症状的护理方法。

学习准备

1. 材料准备：体温表（水银）、毛巾、冰袋、压舌板、纱布。
2. 环境准备：模拟睡眠室、卫生保健室。

学习活动

活动1　发热的早期发现与护理

　　头痛、膝盖痛、肚子痛、发热、呕吐……幼儿在幼儿园时可能会遭遇各种疼痛和疾病，可是具体怎么疼，哪里最不舒服，幼儿不一定能描述得非常清楚，对很多症状带来的不适感，更多的表达方式是哭闹和情绪不佳，让保教员无从下手。

　　请小组成员一起讨论，说一说可以通过哪些方面来观察幼儿是发热和惊厥，如何进行护理呢？

　　（1）请把小组讨论的结果写下来。

　　（2）两人为一组，一人扮演保育员，一人扮演发热或是惊厥幼儿，进行模拟护理。

讨论结果

知识链接

⚡ 发热的基本知识 ⚡

发热的基本概念：发热是儿童期常见的症状，见于各种全身性和（或）局部性感染及许多非感染性疾病，一般认为体温比平时所测温度增高为发热，热度的高低与病情的轻重平行。儿童正常的体温为 36℃~37℃。具体来说，37.5℃~38℃为低热，38℃~39℃为中度发热，39℃~41℃为高热。

发热的早期发现：当幼儿在出现发热症状时，可以通过观察精神状态、面色、呼吸（幼儿呼吸 25 次左右/分钟），判断是否伴有颤抖、畏寒、呕吐、燥热、皮疹等症状。不同个体差异较大，可以将体温诊断作为标准。

⚡ 发热症的在园护理 ⚡

1. 给幼儿进行体温测试，幼儿在进行体温测试时，要有专人看护。若幼儿发热，保育员首先应将幼儿送至保健室，并与家长取得联系，询问是否用过退烧药，发热期间退热药给药间隔需在 4 小时以上。

2. 其次，要让幼儿多喝白开水，卧床休息，同时采用物理降温降低幼儿的体温。物理降温的方法可以用温水擦拭或毛巾包裹冰袋放置于儿童的额部、腹股沟处。

3. 至少每 4 小时测体温一次，防止发生高热惊厥。

测体温的正确方法：①测体温前要将体温表的水银柱甩至 35℃以下。②擦干腋窝的汗，将体温计放置腋窝中间夹紧，保持 10 分钟。③测完体温后要将体温计水银柱甩至 35℃以下，以备下次使用。

⚡ 惊厥的基本知识 ⚡

惊厥的基本概念：惊厥是一种常见症状，表现为全身或局部肌群突然发生不自主收缩，常伴有意识障碍，是儿童时期常见的紧急症状。高热惊厥是指儿童中枢神经系统以外的感染导致体温达 38℃以上并出现惊厥。高热惊厥的发生率很高，占儿童期惊厥原因的 30%。

惊厥的早期发现：惊厥大多发生在幼儿发热时，若突然发病，临床表现有抽搐、神昏、双眼上翻、凝视或斜视，可持续几秒至数分钟，伴有发作后短暂嗜睡。此病大多有家族史，在热性疾病初期，体温骤然升高，突然发病呈全身强直或阵挛性发作。

⚡ 惊厥症的在园护理 ⚡

1. 保持呼吸道通畅，防止舌咬伤。

2. 抽搐时应平卧、头转向一侧，及时清除口、鼻、咽喉内部的分泌物或呕吐物，以防吸入支气管而发生窒息。

3. 高热惊厥及时降温，可采取综合降温措施，可以用温水擦拭或将毛巾包裹冰袋放置于儿童的额部、腹股沟处等物理降温方式。

4．及时送医院处理。

活动 2　呕吐和喘息的早期发现与护理

请小组成员一起讨论，说一说，可以通过哪些方面来观察幼儿的症状是呕吐和喘息？如何进行护理呢？

（1）请把小组讨论的结果写下来。

（2）请两人为一组，一人扮演保育员，一人扮演呕吐或是喘息的幼儿，进行模拟护理。

讨论结果

 知识链接

呕吐的基本知识

呕吐的基本概念：呕吐是指通过胃的强烈收缩，迫使胃和小肠内的内容物经过口腔和食管排出体外的一种症状。

呕吐的早期发现：呕吐是在幼儿园常见的一种现象，当幼儿出现呕吐症状，并伴有恶心、腹痛、腹泻等消化道症状时，多见于急性肠胃炎、细菌性痢疾、腹膜炎、阑尾炎等消化道感染性疾病；如果呕吐伴有流鼻涕、咽痛、咳嗽等呼吸道症状时，常见于上呼吸道感染、支气管炎等；如果呕吐伴有发热、昏迷、惊厥等中枢神经系统症状时，要警惕脑震荡等中枢神经系统疾病。

喘息的基本知识

喘息的基本概念：喘息就是呼吸急促的一种症状。

喘息的早期发现：发生喘息的幼儿大多有哮喘史或过敏史，临床表现为反复发作性喘息、呼吸困难、胸闷或咳嗽，双肺闻及哮鸣音、呼气延长。此类幼儿家长一般都了解病史，备有幼儿喷雾剂等。幼儿在幼儿园发作时，前期有感冒症状，多伴有干咳，迅速进入典型发作期。

呕吐症的在园护理

1. 保持呼吸道通畅，防止吸入呕吐物。

2. 保持口腔清洁，呕吐之后会有一些胃酸及未消化的食物残留在口中，难闻的味道会让幼儿不舒服更想吐，可以用温开水漱口，以保持口腔清洁。

3. 幼儿呕吐停止时，立即带幼儿到保健室，向保健医反映幼儿情况，必要时通知家长回家休养。

4. 若保健医诊断无碍，回班观察过程中，让幼儿短暂进食，若无明显恶心、呕吐、腹胀等情形，可给幼儿适量饮水，避免摄入奶制品、油腻食物。

喘息症的在园护理

1. 幼儿在园发生喘息时必须立即送往保健室，同时通知家长。

2. 保育员辅助保健医让幼儿保持半卧体位，使呼吸道通畅并让幼儿吸氧，注意幼儿的保暖，密切观察其心率、脉搏、呼吸等生命体征，必要时送往医院急救或拨打急救电话。

活动 3　如何对甜甜进行护理？

小班的甜甜小朋友在班级活动区玩耍，精神很好，突然出现双眼凝视、紧咬牙关、全身阵挛性抽搐并伴有意识丧失，刘老师吓得手足无措，恨不得立即将甜甜送到医院。可行动再迅速，从幼儿园到医院少说也要十几分钟，如果等 120 来急救，时间可能更久。在这么漫长的等待中，你会如何给甜甜进行护理，从而让她稳定症状，防止病情进一步恶化。

请组内共同讨论以下问题：

（1）通过甜甜的症状表现，分析她是哪种疾病。

（2）确定症状后，应该如何进行护理？请把小组讨论结果写下来。

🔗 **知识链接**

带班教师应立即通知卫生保健人员，同时通过观察确定惊厥症状，立即查明惊厥的原因，判断是高温惊厥还是无热惊厥，协助卫生保健人员进行紧急处理。

（1）刘老师应立即通知卫生保健人员，保健医迅速到班级进行紧急处理。

（2）保健医让幼儿侧卧，同时用纱布及时清除口、鼻中的分泌物，保持呼吸畅通。用软布包裹压舌板放在上、下磨牙之间，防止抽搐咬伤舌头。

（3）控制惊厥。用手指捏、按压患儿的人中、合谷、内关等穴位两三分钟。

（4）刘老师通知园领导和幼儿家长。

学习总结

1. 个人复盘

请使用思维导图的形式，对本活动的学习内容进行梳理。

2. 小组复盘

请结合第二模块学习任务六的学习经验，小组共同复盘：当幼儿发生呕吐情况时，清洁和消毒的工作内容有哪些。

学习测试

1. 请简述惊厥的基本知识与护理流程。

2. 请简述呕吐的基本知识与护理流程。

3. 请简述发热的症状有哪些。

4. 请简述喘息的症状有哪些。

学习评价

学生姓名：　　　　　　评价内容：发热、惊厥、呕吐、喘息的发现与护理　　　　　班级：

学习任务	自我评价			小组评价			教师评价		
	1～5	5.1～8	8.1～10	1～5	5.1～8	8.1～10	1～5	5.1～8	8.1～10
	总占比 30%			总占比 30%			总占比 40%		
活动1 完成情况									
活动2 完成情况									
活动3 完成情况									
出勤									
纪律									
学习态度									
表达能力									
合作能力									
问题回答									
创新能力									
小计									
总评									

综合评语	自我评价
	小组评价
	教师评价

任课教师：　　　　　　日期：

学习任务四 头痛、耳痛、咽痛、眼睛不适的发现与护理

🏛 学习目标

1. 掌握头痛、耳痛、咽痛、眼睛不适的基本知识。
2. 掌握头痛、耳痛、咽痛、眼睛不适的护理方法。

⚗ 学习准备

1. 环境准备：模拟活动室、卫生保健室。

🎯 学习活动

活动1 头痛、耳痛的早期发现与护理

在幼儿园里，经常会听到幼儿说头痛和耳痛，可以通过哪些方面来观察幼儿头痛和耳痛呢？一旦发现幼儿有头痛和耳痛的症状如何进行护理呢？

（1）请把小组讨论的结果写下来。

（2）两人为一组，一人扮演保育员，一人扮演正在活动室进行活动时发生头痛和耳痛的幼儿，进行模拟护理。

讨论结果

🔗 **知识链接**

～⌐ **头痛的基本知识** ⌐～

头痛的基本概念：通常将局限于头颅上半部，包括眉弓、耳轮上缘和枕外隆突连线以上部位的疼痛统称为头痛。

头痛的早期发现：头痛是幼儿园比较常见的一种症状，经常会有幼儿对教师说头晕、头痛，同时很多幼儿会伴随恶心、呕吐及乏力等身体不适症状。

～⌐ **耳痛的基本知识** ⌐～

耳痛的基本概念：耳痛是一种常见症状，就是指耳部疼痛。

耳痛的早期发现：幼儿耳痛时基本都会自己抓耳或是按压耳部，并能自己描述症状。

活动 2　咽痛和眼睛不适的早期发现与护理

请小组成员一起讨论，说一说，可以通过哪些方面来观察幼儿咽痛和眼睛不适？如何进行护理呢？

（1）请把小组讨论的结果写下来。

（2）两人为一组，一人扮演保育员，一人扮演咽痛或是眼睛不适的幼儿，进行模拟护理。

讨论结果

🔗 **知识链接**

～⌐ **咽痛的基本知识** ⌐～

咽痛的基本概念：咽痛一般就是指咽喉痛。

咽痛的早期发现：咽痛也是一种常见的病症，年龄较大的幼儿会告诉教师自己"嗓子疼"。当幼儿发生咽痛时，自觉有咽部干燥、疼痛等不适感，吞咽时更是不舒服，不愿意吃东西，有的幼儿会伴有嗓子哑的情况。

〰 眼睛不适的基本知识 〰

眼睛不适的基本概念：眼睛不适就是指眼部疾病。

眼睛不适的早期发现：幼儿常见的眼病症状表现为眼睑红、球结膜下发红或伴有畏光、流泪、眼睛分泌物多、眼痒等，常见于异物入眼、睑板腺炎（针眼、结膜炎、沙眼等其他眼部疾病）。

〰 咽痛的在园护理 〰

幼儿咽痛是由细菌或病毒引起的感染性疾病，常常要考虑以下几种病因：口腔溃疡、流行性腮腺炎、咽炎或扁桃体炎、感冒、喉咙发炎等。

（1）及时带领幼儿到保健室进行初步的诊断，如症状严重或涉及传染性疾病时，应通知家长带幼儿到医院进行及时治疗。若症状不严重可以在园时，应注意给幼儿多饮用温开水，让幼儿尽量少说话。

（2）进餐时避免辛辣油炸等食物，保证幼儿充足的睡眠，午睡前不要吃太多东西，适当运动，保持心情愉快与放松。

〰 眼睛不适的在园护理 〰

1. 当幼儿发生眼部不适症状时，第一时间送到保健室进行处理。

2. 若怀疑有传染性或是其他严重的眼部疾病时，应及时将幼儿隔离，同时通知家长带幼儿去眼科治疗。

3. 幼儿所在班级马上进行消毒处理，消毒标准按照疫源地消毒标准进行。

4. 注意平时培养幼儿良好的卫生习惯，不用脏手揉眼睛，保持室内物品清洁，空气新鲜。

活动3 案例分析

幼儿园保育员王老师正在辅助其他教师进行区域活动，突然发现图书区的乐乐眼睑有点发红，但没有当回事。等到区域活动结束后，乐乐告诉王老师说自己的眼睛有点痒，王老师随意看了一眼说，没事自己揉揉就好了。过了一会，班级其他教师发现了乐乐的眼睛发红，于是赶紧将乐乐送到了卫生保健室，后来将乐乐送到了医院。经过医生的诊断乐乐的眼睛是急性结膜炎，经过诊治后痊愈。

请小组成员一起讨论一下，王老师在发现乐乐的眼睛发红时的做法存在哪些问题？如果你是王老师，会怎么处理？请将王老师的问题及你的做法写下来。

讨论结果

知识链接

王老师的问题：

（1）缺乏警惕性，第一时间发现乐乐眼睛红不以为然。

（2）没有告知班级其他教师。

（3）没有及时对乐乐进行隔离，若发生传染性疾病对其他幼儿也会造成伤害。

应该这样做：

（1）第一时间带乐乐到卫生保健室，通知卫生保健人员，病因查清之前将乐乐进行隔离。

（2）立即通知家长带幼儿去眼科进行治疗。

（3）在班级内进行通风、清洁和消毒，消毒标准应按照疫源地消毒的标准进行。

（4）检查其他幼儿的眼部是否存在不适的情况。

学习总结

1. 个人复盘

请使用思维导图的形式，将本活动的学习内容进行梳理。

2. 小组复盘

请小组成员共同查找资料，并相互交流说一说对幼儿进行眼部保健的方法有哪些。

学习测试

1. 请简述若幼儿发生头痛，会出现哪些症状。

2. 当幼儿诉说耳痛，简述观察及判断的方法。

3. 请简述咽痛的护理方法。

📋 学习评价

学生姓名：　　　　　评价内容：头痛、耳痛、咽痛、眼睛不适的发现与护理　　　　班级：

学习任务	自我评价			小组评价			教师评价		
	1~5	5.1~8	8.1~10	1~5	5.1~8	8.1~10	1~5	5.1~8	8.1~10
	总占比 30%			总占比 30%			总占比 40%		
活动 1 完成情况									
活动 2 完成情况									
活动 3 完成情况									
出勤									
纪律									
学习态度									
表达能力									
合作能力									
问题回答									
创新能力									
小计									
总评									

综合评语	自我评价
	小组评价
	教师评价

任课教师：　　　　　　日期：

学习任务五 腹痛、腹泻、关节痛的
发现与护理

🏫 学习目标

1. 掌握幼儿腹痛、腹泻及关节痛的基本知识。
2. 掌握幼儿腹痛、腹泻及关节痛的在园护理方法。

🧪 学习准备

1. 环境准备：模拟卫生间、卫生保健室。

🎯 学习活动

活动1 腹痛的早期发现与护理

腹痛是幼儿时期非常常见的一种症状，能够引起幼儿腹痛的原因有很多种，几乎涉及各种疾病。幼儿腹痛时，基本会主动向保教人员或是家长反映肚子疼。如何观察幼儿腹痛的表现呢？请小组讨论并写出讨论结果。

讨论结果

🔗 知识链接

～⑤ 腹痛的基本知识 ⑤～

腹痛一般表现为肚脐周围的间歇性或持续性疼痛。幼儿腹痛时，基本都能和成人表达自己肚子痛。幼儿腹痛时还常常会伴有捂肚子、脸色苍白、食欲减弱、无精打采、不愿意参加活动等表现。

～ 腹痛的在园护理 ～

当幼儿发生腹痛时，保教人员可以考虑以下几个因素：

（1）生理性腹痛，幼儿期生长发育快，神经系统发育不成熟，机体的血液供给相对不足，肠道暂时处于缺血状态，导致肠壁神经兴奋与抑制作用的不协调，出现痉挛，引起生理性腹痛。

（2）幼儿受凉、食生冷食物导致消化不良，常诱发腹痛。

（3）考虑幼儿心理因素，可能是幼儿引起成人注意或是其他原因，自诉腹痛症状。

（4）蛔虫、肠胃炎、肠套叠等其他病症。此种病症疼痛时间较长，用手按压时疼痛加剧，或恐惧触摸。

幼儿发生腹痛时，保教人员应密切观察幼儿的面色、神态及肢体状态，如症状明显应立即送保健室，让保健医做进一步的检查和处理；必要时通知家长带幼儿及时到医院就诊，以免延误病情。如果判断为生理性疼痛，一般无须治疗，疼痛强烈可用热敷按摩腹部，对解除疼痛有一定的效果。若判断为消化不良引起疼痛时，要严格控制幼儿饮食，少喝冷饮，睡觉时注意不要让腹部受凉，必要时用温热毛巾给幼儿敷肛门，帮助幼儿顺利排便、排气，并给幼儿提供清淡的饮食。

活动 2　腹泻早期发现与护理

腹泻这个病症在幼儿时期也是常见症之一，请你想一想如何观察腹泻的情况，如何进行在园的护理。请小组成员两人一组，相互讨论交流，将想法写下来。

讨论结果

🔗 **知识链接**

～ 腹泻的基本知识 ～

当幼儿患腹泻时，主要的表现就是大便次数增多和形状的改变。在如厕保育中，学习了健康的大便和小便是什么样子的，当幼儿腹泻时，一天大便从1~2次可能突然增多到五六次，甚至七八次，同时大便黏稠或是呈糊状、黄色稀水样便等。

产生腹泻的原因通常为一组多病原、多因素引起的疾病。腹泻较轻时，食欲减退，还会伴随呕吐发生。精神状态正常，无明显的全身症状，体温正常或稍高。腹泻严重时，起病很急，排便频繁，排便时向外喷射，为水样便或蛋花样便，呈黄绿色，混有较多黏液，肛门周围皮肤发红或是表皮脱落，而且多伴有发热，严重者体温可达到39~40℃，脱水症状明显，口干，皮肤干燥、弹性差，眼眶凹陷。

～ 腹泻的在园护理 ～

当幼儿在园发生腹泻症状时，要立即送往保健室，经初步诊断后，联系家长，到医院进行治疗。幼儿如果在园出现轻微的腹泻时，主要从以下几个方面进行护理。

不做剧烈运动，注意休息，避免幼儿情绪激动。

调整幼儿饮食，清淡进餐，不吃油腻及难消化的食品。

保持幼儿臀部干净，每次大便后用温水清洗臀部。

密切关注幼儿的神志、体温、脉搏、呼吸、尿量等，并关注大便形状。

活动3　关节痛的发现与护理

幼儿喜欢蹦蹦跳跳，有时就会出现腿疼、脚疼、膝盖疼等症状，请小组讨论幼儿发生关节疼痛的原因有哪些。如果幼儿发生关节疼痛的情况，在园该如何护理呢？请把讨论结果记录下来。

讨论结果

🔗 **知识链接**

～ 关节痛的早期发现 ～

幼儿在园时，经常会提出腿疼、脚疼等现象，其中有因外伤引起关节周围的红肿、皮损、疼痛、跛行等症状，也有生长发育引起的疼痛，痛点多位于双膝及附近肌肉，偶尔可位于大腿或双踝部，有时也可能出现上肢疼痛，一般疼痛部位比较固定，于晚间或入睡后发生，疼痛程度差异性很大，幼儿可因疼痛突然惊醒。

在园护理

当幼儿因外伤发生关节疼痛时，应及时送往保健室进行专业处理。若为生长痛，疼痛发作时可局部按摩或热敷，也可以引导幼儿玩玩具、做游戏来转移幼儿的注意力；同时还应该向幼儿说明道理，让幼儿知道这种疼痛是生长发育过程中的正常现象，不必害怕。

活动 4　你会怎么做？

幼儿都在户外进行体育活动，你正在辅助班级教师组织幼儿有序地进行活动。在活动中，你发现小文自己蹲在地上，看起来脸色有点苍白，小文自己用手捂着肚子。你过去问小文怎么了，小文说肚子痛。这时你会怎么做？参考活动 1 的经验，请把你的做法写下来。

我会这样做

学习总结

1. 个人复盘

请使用思维导图的形式，对本活动的学习内容进行梳理。

2. 小组复盘

请小组成员共同搜索幼儿阶段还有哪些常见病症的情况发生，小组互相交流分享。

学习测试

1. 请简述腹痛的基本知识和护理方法。
2. 请简述腹泻的基本知识和护理方法。
3. 请简述关节痛的基本知识和护理方法。

学习评价

学生姓名：　　　　　　　评价内容：腹痛、腹泻、关节痛的发现与护理　　　　　班级：

学习任务	自我评价			小组评价			教师评价		
	1～5	5.1～8	8.1～10	1～5	5.1～8	8.1～10	1～5	5.1～8	8.1～10
	总占比 30%			总占比 30%			总占比 40%		
活动1 完成情况									
活动2 完成情况									
活动3 完成情况									
活动4 完成情况									
出勤									
纪律									
学习态度									
表达能力									
合作能力									
问题回答									
创新能力									
小计									
总评									

综合评语	自我评价
	小组评价
	教师评价

任课教师：　　　　　　　日期：

学习任务六　传染病的预防

学习目标

1. 简单了解常见传染病的基本知识。
2. 掌握常见流行性感冒、手足口病和水痘的早期发现与预防。

学习准备

1. 材料准备：清洁品和消毒用品。

学习活动

活动1　了解幼儿园常见传染病

看看这两张照片是幼儿患手足口病的照片（如图3-6-1、图3-6-2所示），请小组讨论：

1. 什么是传染病？
2. 幼儿园常见的传染病除了有手足口病，还有哪些？
3. 传染病的传播途径有哪些？

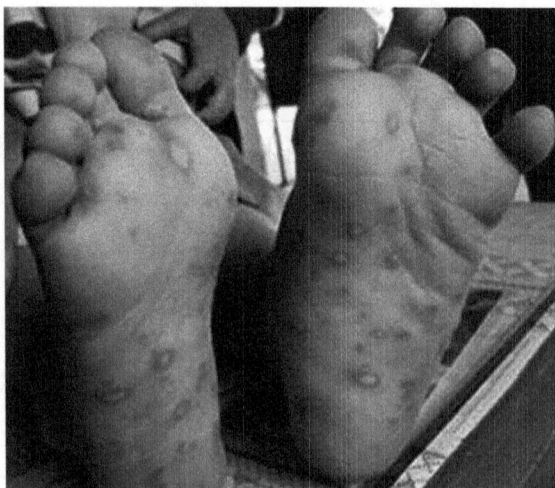

图3-6-1　幼儿手足口病1

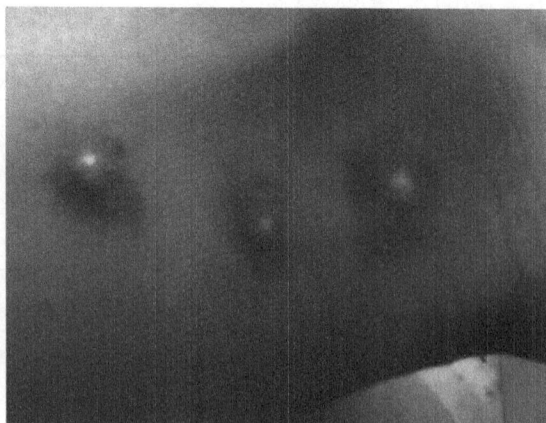

图3-6-2　幼儿手足口病2

小组讨论结果

知识链接

传染病的概念

传染病是指能够在人群中或人和动物之间引起流行的感染性疾病。

常见的传染病有：

（1）学龄前幼儿手足口病

（2）流行性结膜炎（红眼病）

（3）学龄前幼儿肺炎

（4）流行性感冒

（5）流行性脑脊髓膜炎

（6）麻疹

（7）流行性腮腺炎

（8）风疹

（9）猩红热

（10）水痘

传染病的特点

1．由病原体（细菌、病毒、立克次体、支原体、衣原体、螺旋体、真菌和寄生虫）进入人体繁殖或产生毒素所致。

2．有传染性。

3．流行性、地方性、季节性。

4．免疫性。

传染病传播的三个基本条件

1．传染源：病人、携带者、受感染的动物和昆虫。

2．传播途径：病原体离开传染源后，传染给其他易感者所经过的途径。例如，空气飞沫、血液、消化道。

3．易感人群：对某种传染病缺乏特异性免疫力的人。例如：未接种过麻疹疫苗、也未感染过麻疹的儿童。

传染病控制的基本原则

1．管理和控制传染源是根本措施。

（1）对病人隔离、治疗、管理。

（2）对家属和接触者监控、检疫。

（3）灭鼠、灭蚤。

2．切断传播途径是关键措施。

（1）灭蚊、改水、规范采血输血。

（2）通风换气、环境卫生、医院管理。

（3）戴口罩、不去公共场所。

（4）养成良好的卫生与行为习惯，勤洗手，勤晾衣被。

3．保护易感人群是重要措施。

（1）主动免疫：疫苗接种。

（2）被动免疫：注射免疫球蛋白、人血白蛋白、抗狂犬病血清、乙肝免疫球蛋白等。

（3）进行体育锻炼。

活动2　掌握流行性感冒、手足口病和水痘的早期发现与预防方法

请小组共同讨论并找出流行感冒、手足口病和水痘的早期发现的方法和预防，把结果写下来。

流行性感冒的早期发现

手足口病的早期发现

水痘的早期发现

传染病预防的方法

🔗 **知识链接**

～ 流行性感冒的相关知识 ～

1. 流行性感冒是由流感病毒引起的一种传染性极强的急性呼吸道传染病，简称流感。

2. 流行性感冒由于流感病毒的变异后出现了很多新型的流感，如甲流、禽流感等，多在冬末春初流行，人可多次患流感。流感主要经飞沫传播，也可通过接触病人的唾液、痰液污染的餐具、毛巾、玩具等物品传播。流感起病急，有高热（高达39℃~40℃）、畏寒、全身酸痛等症状，与普通感冒相比，打喷嚏、流鼻涕、咽喉痛等呼吸道症状比较轻微，少数人出现恶心、食欲不振、腹泻、便秘等症状，持续3~4天后逐渐退热，全身症状也随之好转，乏力可持续1~2周。

⌒ 手足口病的相关知识 ⌒

1. 这种一般被称作"手足口病"的病毒（实际上是一群病毒）通常会感染 2～6 岁的幼儿，但 2 岁以下的小宝宝也容易得手足口病。手足口病是一种常见多发传染病，以婴幼儿发病为主，多种肠道病毒都能引起，EV71 病毒是其中的一种。一般全年均有发生，5～7 月为高发期。手足口病一般症状较轻，大多数患者发病时，往往先出现发烧症状，手掌心、脚掌心出现斑丘疹和疱疹（疹子周围可发红），口腔黏膜出现疱疹或溃疡，疼痛明显。部分患者可伴有咳嗽、流涕、食欲不振、恶心、呕吐和头疼等症状。少数患者病情较重，可并发脑炎、脑膜炎、心肌炎、肺炎等，如不及时治疗可危及生命。少年儿童和成人感染后大多不发病，但能够传播病毒。手足口病传染性高，很容易通过咳嗽和打喷嚏传播，因此，容易在幼儿园和幼儿聚集的地方爆发。手足口病也能通过粪便传播，所以，做好家庭卫生非常重要。

2. 手足口病是怎么传播的？有疫苗吗？

手足口病传播途径多，主要通过密切接触病人的粪便、疱疹液和呼吸道分泌物（如打喷嚏喷的飞沫等）及被污染的手、毛巾、手绢、牙杯、玩具、餐具、奶瓶、床上用品等而感染。手足口病目前没有疫苗，但只要早发现、早治疗，是完全可防可治的。

3. 哪些人容易患手足口病？

婴幼儿和儿童普遍多发，3 岁及 3 岁以下婴幼儿更容易得病。由于成人的免疫系统较完善，成人一旦感染一般不发病，也无任何症状。但感染后会传播病毒，因此成人也需要做好防护，避免传染给幼儿。

4. 幼儿出现可疑症状怎么办？

如果幼儿出现发热、皮疹等症状，要及时到医疗机构就诊，同时要密切观察。不要去幼儿园和人群聚集的公共场所，避免与其他幼儿接触玩耍。一旦出现突然发高烧或神志不清、昏睡、肌肉或身体抽动、呼吸困难等，应立即送幼儿到医院就诊。

5. 手足口病的护理

（1）消毒隔离：一旦发现感染了手足口病，宝宝应及时就医，避免与外界接触，一般需要隔离 2 周。宝宝用过的物品要彻底消毒：可用含氯的消毒液浸泡，不宜浸泡的物品可放在日光下曝晒。宝宝的房间要定期开窗通风，保持空气新鲜、流通，温度适宜。有条件的家庭每天可用乳酸熏蒸进行空气消毒。减少人员进出宝宝房间，禁止吸烟，防止空气污浊，避免继发感染。

（2）饮食营养：如果在夏季得病，宝宝容易脱水和电解质紊乱，需要适当补水和加强营养。宝宝宜卧床休息 1 周，多喝温开水。患儿因发热、口腔疱疹导致胃口较差，不愿进食的情况，宜给宝宝吃清淡、温性、可口、易消化、柔软的流质或半流质，禁食冰冷、辛辣、咸酸等刺激性食物。

（3）口腔护理：宝宝会因口腔疼痛而拒食、流涎、哭闹不眠等，要保持宝宝口腔清洁，饭前饭后用生理盐水漱口。对不会漱口的宝宝，可以用棉棒蘸生理盐水轻轻地清洁口腔。可将维生素 B2 粉剂直接涂于口腔糜烂部位，或涂鱼肝油，亦可口服维生素 B2、维生素 C，辅以超声雾化吸入，以减轻疼痛，促使糜烂早日愈合，预防细菌继发感染。

水痘的基本知识

水痘是传染性很强的疾病，是由带状疱疹病毒引起的。水痘的典型临床表现是中低等发热，很快成批出现红色斑丘疹，迅速发展为清亮的卵圆形的小水疱，24 小时后水疱变浑浊，易破溃，然后从中心干缩，迅速结痂。临床上往往丘疹、水疱疹、结痂同时存在，呈向心状分布，即先躯干，继头面、四肢，而手足较少，且瘙痒感重。接受正规治疗后，如果没有并发感染，一般 7~10 天可治愈。传染源主要是病人。传播途径为呼吸道飞沫传染和接触了被水痘病毒污染的食具、玩具、被褥及毛巾等物品的接触性传染。人群普遍易感，儿童多见。由于本病传染性强，患者必须早期隔离，直到全部皮疹干燥结痂为止。

传染病预防的方法

不同的传染病有不同的治疗方法，但基本的预防措施是相通的，我们只要注意以下几点，就能有效地减少疾病的发生和传播。

（1）合理膳食，增加营养，要多饮水，摄入足够的维生素，宜多食些富含优质蛋白、糖类及微量元素的食物，如瘦肉、禽蛋、大枣、蜂蜜和新鲜蔬菜、水果等；积极参加体育锻炼，多到郊外、户外呼吸新鲜空气，每天户外散步、慢跑、做操的体育锻炼时间不少于 2 小时，使气血畅通，筋骨舒展，增强体质。

（2）不到人口密集、人员混杂、空气污染的场所去。

（3）勤洗手：饭前便后，用流动水彻底清洗干净，不用污浊的毛巾擦手；家长接幼儿时也要洗干净手；教师或保育员在晨检、洗消后接触幼儿时一定要先洗手。（传染病高发期用消毒水洗手。）

（4）每天开窗通风不少于 1 个小时，保持室内空气新鲜，尤其是活动室、睡眠室和卫生间。

（5）合理安排好作息，做到生活有规律；注意不要过度疲劳，以免免疫力下降。

（6）不食用不清洁的食物，拒绝生吃各种海产品和肉食，不喝生水。不随便倒垃圾，不随便堆放垃圾，垃圾要分类并统一销毁。

（7）注意个人卫生，打喷嚏、咳嗽和清洁鼻子应用卫生纸掩盖，用过的卫生纸不要随地乱扔，勤换、勤洗、勤晒衣服、被褥，不随地吐痰，个人卫生用品切勿混用。

（8）发热或有其他不适及时就医；到医院就诊佩戴口罩，避免交叉感染。

（9）避免接触传染病人，尽量不到传染病流行疫区。

（10）传染病儿童用过的物品及房间适当消毒，如日光下晾晒衣被，房内门把手、桌面、地面用含氯消毒剂喷洒、擦拭。

（11）接种疫苗。常见的传染病现在一般都有疫苗，进行计划性人工自动免疫是预防各类传染病发生的主要环节，预防性接种疫苗是阻击传染病发生的最佳积极手段。

传染病虽然种类繁多，但只要我们重视预防工作，做到早发现、早隔离、早诊断、早治疗，就可以有效地阻断传染病的流行与传播。

活动3　模拟操作

幼儿园小一班发现幼儿有水痘的症状，立即进行上报，请小组成员一起讨论上报之后，使用清洁工具，再结合学习过的传染病消毒的工作经验，进行模拟清洁消毒操作。把操作过程写下来。

操作记录

学习总结

1. 个人复盘
请使用思维导图的形式，对本活动的学习内容进行梳理。
2. 小组复盘
请小组成员一起学习常见传染病猩红热、红眼病、流行性腮腺炎、麻疹的预防知识，并相互之间进行分享。

学习测试

1. 请简述什么是流行性感冒。
2. 请简述手足口病的症状。
3. 请简述进行传染病预防的方法。

学习评价

学生姓名：　　　　　　　　　评价内容：传染病的预防　　　　　　　　　班级：

学习任务	自我评价			小组评价			教师评价		
	1～5	5.1～8	8.1～10	1～5	5.1～8	8.1～10	1～5	5.1～8	8.1～10
	总占比 30%			总占比 30%			总占比 40%		
活动 1 完成情况									
活动 2 完成情况									
活动 3 完成情况									
出勤									
纪律									
学习态度									
表达能力									
合作能力									
问题回答									
创新能力									
小计									
总评									

综合评语	自我评价
	小组评价
	教师评价

任课教师：　　　　　　　日期：

学习任务七　意外伤害的预防与处理

学习目标

1. 了解意外伤害的基本知识。
2. 掌握意外伤害的处理方法。
3. 掌握现场急救的操作方法。

学习准备

1. 材料准备：酒精、纱布、木板、消毒棉球、毛巾、镊子、万花油、冰袋等。
2. 环境准备：模拟卫生保健室。

学习活动

活动1　关于意外伤害

3 岁的文文在幼儿园的户外活动时，和小朋友一起玩踢球游戏，被另外一个小朋友踢到了小腿，右腿胫骨骨裂。这是在幼儿园发生的一起意外伤害，在幼儿园中小朋友比较小，又有着丰富的体育活动，有时会发生各种意外伤害，在幼儿园发生的意外伤害有创伤、出血、骨折、烧烫伤、异物、动物咬伤、中毒等情况。请小组共同讨论一下如果发生了意外伤害，教师在处理时应注意哪些原则？该如何预防这些意外伤害的发生呢？请把讨论结果下来。

小组讨论结果

意外伤害的预防原则

1．托幼机构的各项活动应当以儿童安全为前提，建立定期全园（所）安全排查制度，设立安全检查小组，负责督促检查园（所）内的安全工作。安全小组的工作由园长或分管园长负责，定期召开工作会议，针对存在的问题进行讨论和整改。落实预防儿童伤害的各项措施。

2．托幼机构的房屋、场地、家具、玩教具、生活设施等应当符合国家相关安全标准和规定。

3．托幼机构应当建立重大自然灾害、食物中毒、踩踏、火灾、暴力等突发事件的应急预案。如果发生重大伤害应当立即采取有效措施，并及时向上级有关部门报告。

4．托幼机构应当加强对工作人员、儿童及其监护人的安全教育和突发事件应急处理能力的培训，定期进行安全演练，普及安全知识，提高自我保护和自救的能力。

5．保教人员应当定期接受预防儿童伤害相关知识和急救技能的培训，做好儿童安全工作，消除安全隐患，预防跌落、溺水、交通事故、烧（烫）伤、动物致伤等伤害的发生。

活动 2　掌握并练习意外伤害的处理流程

请小组成员依次模拟演练创伤、出血、骨折、烧烫伤、异物、动物咬伤、中毒的处理方法，可使用准备的材料，把操作过程拍下来。

模拟操作流程记录

创伤的处理流程

出血的处理流程

骨折的处理流程

烧烫伤的处理流程

异物的处理流程

动物咬伤的处理流程

中毒的处理流程

🔗 **知识链接**

创伤的应急处理

1. 幼儿擦伤了怎么办？

擦伤指伤口较浅，有少量渗血。在幼儿园，幼儿奔跑、同伴推搡都可能造成意外擦伤。幼儿遇到擦伤时，保育员应及时将其送到保健室，并配合保健医进行处理。首先，根据伤情表面有无污物，可先用生理盐水、矿泉水或温开水清洁冲洗创面。其次局部涂合碘（碘伏）或其他外用消毒液，不必包扎。

2. 幼儿裂伤了怎么办？

裂伤（及切割伤）是指伤口较深，有出血，严重时需缝合，常发生于幼儿户外意外撞击到有棱角的物件或幼儿使用剪刀等有利刃的物件时。一旦发生，教师应迅速用清洁消毒过的毛巾盖压在伤口上止血，同时及时将受伤的幼儿送到保健室。严重时要用纱布压迫止血，包扎后送医院诊治。

3. 幼儿刺伤了怎么办？

刺伤是指身体内有异物刺入造成的伤害，如竹木屑等。轻微刺伤而且异物有部分裸露在外时，教师可以直接轻捏异物将其拔出。当刺较深时，保育员应迅速将幼儿送到保健室，配合保健医消毒伤口，拔除异物。

4．幼儿挫伤了怎么办？

挫伤（常见头部血肿）是指皮肤一般不显伤口，但皮肤易出现肿胀，且剧烈疼痛，伤处及周围可发青发紫，幼儿头部撞击是最常见的一种挫伤成因。幼儿挫伤时，保育员要迅速按压伤处，不要搓揉，同时迅速带幼儿到保健室进行冷敷，防止内出血。48 小时后可以热敷，促使血液循环加速，加快肿胀消退，如有较大血肿，应到医院治疗。

5．幼儿扭伤怎么办？

扭伤多发生在手腕、踝关节等部位，扭伤处皮肤青紫肿胀，局部压痛很明显，严重时受伤的关节不能转动。幼儿发生扭伤时，教师首先要帮助并告诉幼儿限制受伤关节的活动。特别是踝关节扭伤后，应将小腿垫高后送保健室，配合保健医对扭伤部位进行冷敷，48 小时后用热敷，促使血液循环加速，加快肿胀消退，有条件的还可以进行理疗。

出血及急救

创伤一般都会出血，失血量的多少和其速度是影响幼儿健康和生命的重要因素，严重失血可危及生命。遇到外伤出血，首先要采取有效的措施止血，然后再做其他的急救处理。

1．幼儿伤口浅，出现渗血怎么办？

当教师发现幼儿受伤后伤口向外渗血（出血量少，即毛细血管渗血）时，可将消毒的纱布块或干净的毛巾叠成块，对伤口稍加压迫即可止血，同时迅速送达保健室。

2．幼儿伤口深，出血怎么办？

幼儿受伤后如果伤口较大、较深，血液缓缓持续外流，血色为暗红则可断定是静脉出血。这时，教师要把伤部抬高，然后用干的纱布或毛巾盖在伤口上，用手压迫止血，同时迅速送达保健室。如果伤口血流向外喷射，血色为鲜红色则可断定是动脉出血。教师除马上用干净的敷料如毛巾压迫止血外，还要再用类似绷带的布料如长布条、长方形干毛巾加压止血，若四肢出血，应在上臂和大腿的上 1/3 的部位用止血带止血。此外，可根据出血位置选择动脉、颌外动脉、颈总动脉、锁骨下动脉等压迫止血法，同时迅速把受伤幼儿送达保健室。

3．幼儿鼻出血怎么办？

幼儿鼻出血的原因很多，多见于外伤、不良的挖鼻习惯、鼻腔异物、血液病、鼻腔疾病和高烧、维生素缺乏等情况，急救后应寻找鼻出血的根本原因及时进行治疗。幼儿发生鼻出血时，教师应用手指直接压迫出血一侧的鼻翼或捏住两侧鼻翼 5～10 分钟，对出血侧鼻翼向鼻骨方稍加力，同时用冷湿毛巾敷在鼻根部、头部，并安抚幼儿让其安静，不要让幼儿仰卧在床上或仰头，以免血经喉咙入口，数分钟后多数可止血，否则迅速送达保健室。值得注意的是，止血后 2～3 小时不要过量活动，以免再出血。

骨折及应急处理

1. 幼儿发生关节脱位怎么办？

关节脱位（脱臼）俗称脱环，发生在关节部位，骨与骨之间完全或部分脱离正常位置，丧失关节功能。局部关节外部变形，外观与健侧不对称、肿痛，不能转动。幼儿发生脱臼后，教师不要随意牵拉已经脱臼的关节，要及时送保健室处置，配合保健医先用绷带固定，保证骨节固定不动后送医院治疗。

2. 幼儿发生骨折怎么办？

骨折是由于直接或间接强力作用，使骨全部或部分断裂。骨折端暴露在皮肤外的叫开放性骨折，皮肤未破裂的叫闭合性骨折。如果怀疑幼儿受伤有可能是骨折时，教师应迅速报告保健医，不要随便挪动、抱起幼儿。待保健医到达后，协助保健医将骨折处固定，及时送医院治疗。肢体固定的规则：①固定范围应包括骨折上、下两个关节；②固定过程中应尽量减少肢体的活动；③对严重畸形的肢体，不应强行牵拉；④若骨折端突出伤口外，不能纳入伤口内，在固定前先用无菌纱布覆盖开放伤口。

烧烫伤的急救

幼儿烧烫伤比较常见，多由于开水、蒸汽、热汤、腐蚀性药品等接触皮肤引起的损伤，表现为局部皮肤发红、疼痛，周围肿胀分界明显，没有水疱、局部已经有水疱或伤部组织坏死。

烧烫伤急救步骤是：冲、脱、泡、盖、送。幼儿烧烫伤后，如果时间允许应立刻呼叫保健医或送往保健室，如果情况紧急，在呼叫保健医的同时，教师应立即用流动冷水不断冲洗烫伤处，降低表面温度。在冲洗过程中尝试边冲边将幼儿衣服脱掉，如衣服与皮肤粘在一起，则剪开衣服。脱下衣服后继续把伤口泡在冷水中，可持续降温，避免起泡或加重病情。随后尽快用干净单子或毛巾将伤口包裹起来，预防感染，立刻送保健室或医院，在急救过程中切忌乱涂药膏。

异物伤的急救

异物伤是异物进入耳、鼻、喉、气管造成的伤害，如鼻腔异物、眼异物、外耳道异物、咽部异物、气管异物等。常见异物有植物坚果类、笔帽、发卡、小球、硬币等，这些都有可能进入消化道或呼吸道而造成伤害。

1. 异物入鼻怎么办？

幼儿如果把花生米、豆类等异物塞入鼻孔时，教师应安抚幼儿，告诫幼儿不要用手去抠，同时迅速将幼儿送到保健室。针对幼儿年龄和能力差异，处理方法也不同：对年龄大的、会合作的，可用手指按住没有异物的鼻孔，嘱其做擤鼻动作，或用棉花刺激鼻腔，使异物随喷嚏喷出，如无效立即送医院；对年龄小、不合作的幼儿应立即送医院处理。

2．异物入咽喉怎么办？

幼儿进餐时被鱼刺、骨刺刺伤喉咙，教师首先安抚幼儿情绪，并将幼儿送到保健室。配合保健医进行辅助处理。教师抱好幼儿让其抬头、张嘴，保健医如看得见鱼刺可用镊子取出，必要时到医院救治，切忌用饭团将异物吞咽下去，否则会引起局部损伤问题。

3．异物入幼儿眼怎么办？

幼儿玩耍时，如有沙子、土屑及其他异物进入眼内后，教师一定要叮嘱幼儿切勿用手揉眼睛，迅速将幼儿送到保健室，以免将角膜擦伤引起感染。随后配合保健医翻开幼儿眼，滴眼药水或生理盐水将异物冲出，或用消毒棉球沾上生理盐水将异物拭走，处理无效时应立即送医院治疗。

4．异物入耳怎么办？

幼儿如果把花生米、黄豆等细小的东西塞入外耳道内后，教师要指导儿童将头歪向异物侧，单脚跳，让异物自行脱落。若取出困难，应立即送往医院。如果虫爬入耳道，可用手电筒照射诱其自动爬出。整个过程避免用硬物去挖以免损伤鼓膜。

5．异物入幼儿气管怎么办？

因婴幼儿咀嚼功能未发育成熟，吞咽功能不完善，气管保护性反射不健全，同时具有好动、好奇的天性，常常会有像食物或体型较小的异物吸入，如花生、糖果、小豆子等。当异物落入气管后，最突出的症状是剧烈的刺激性呛咳，由于气管或支气管被异物部分阻塞或全部阻塞，出现气急、憋气，短时间内即可发生窒息死亡；还有一种软条状异物，吸入后刚好跨置于气管分支的嵴上，像跨在马鞍上，虽只引起部分梗阻，却成为长期的气管内刺激物，患儿将长期咳嗽、发烧，甚至导致肺炎、肺脓肿形成。如果发生异物吸入气管，教师应立即送往保健室或医院，也可拨打医院急救电话。若呼吸情况紧急，可采取以下两种方法：对于婴幼儿、小班幼儿，教师可立即倒提其两腿，头向下垂，同时轻拍其背部，这样可以通过异物的自身重力和呛咳时胸腔内气体的冲力，迫使异物向外咳出；对于中、大班幼儿，可让幼儿呈站立位，教师从背后抱住幼儿，使其上半身向前倾斜一定角度，然后教师一手握拳，拳头拇指侧顶在幼儿的上腹部（脐稍上方），另一手握住握拳的手向上向后用力挤压上腹。挤压动作要快速，挤压后随即放松，即可使异物吐出。以上两种方法仅限情况紧急时可采取操作，无效时，应立即送往保健室或医院。

动物咬伤的应急处理

1．幼儿被虫咬伤了怎么？

幼儿被虫咬伤，教师要及时关注，送幼儿到保健室处理，因为蚊虫叮咬会引发许多疾病。根据叮咬昆虫的种类不同，要采取不同的处理方法：如果被一般昆虫或蚊子等咬伤，可用清凉油或虫咬水、氨水等局部涂擦，也可冷敷止痛；如果是被蜂刺和幼虫（洋辣子）蜇伤，应先用胶布将小刺粘带出来，然后涂上3%氨水或碱水或肥皂水；如果是黄蜂蜇伤，应在伤口涂弱酸液体中和，因为黄蜂的毒液是带碱性的，如咬伤部位情况不佳，组织红肿明显，疼痛剧烈，或者受伤幼儿全身情况不佳，应立即送医院治疗。

2. 幼儿被犬类等动物咬伤了怎么办？

幼儿不慎被犬类等动物咬伤，教师要掌握救治的原则——冲洗伤口。基础方法有：①用流动的自来水或肥皂水冲洗 15～20 分钟。②用无菌纱布或清洁的毛巾等覆盖创面轻压止血，同时立即送往医院。

中毒的应急处理

幼儿误食药品、植物、动物等有毒物时均可引起中毒。一旦出现中毒现象，教师应携带可能引起中毒的物品立即将幼儿送往保健室或医院。如果情况紧急又在室外，离救治地点较远，教师要安抚幼儿，并用匙柄或洗净的手指触小儿咽喉部进行催吐，但对神志不清及腐蚀剂中毒者禁用。如误食毒物为酸性，可先喝牛奶以中和毒物，然后再使之呕吐，期间不可大量饮水，同时立即送医院抢救。

活动 3　现场急救的操作方法

当儿童突然发生心跳和呼吸停止时，应及时采取正确有效的复苏措施，4～8 分钟内建立基础生命维持，保证重要脏器的血氧供应。心肺复苏必须在现场立即进行，为进一步抢救直至挽回生命而赢得最宝贵的时间。对于非专业急救人员，只要发现儿童意识突然丧失、没有呼吸或者没有正常呼吸，即只有喘息，应轻拍肩膀并大声呼喊以判断意识是否存在，如果无反应，就应该立即实施初步急救和复苏。

请小组成员逐一使用道具，按照心肺复苏的操作方法，模拟练习操作，并相互说一说操作得是否正确，和操作的心得。

知识链接

现场心肺复苏的操作方法

1. 胸外按压

儿童仰卧于平地上，急救者可采用跪式体位，用单手或双手掌根在乳头连线处水平按压胸骨，手指不接触胸壁，按压时肘伸直，垂直向下用力按压。按压频率不低于 100 次/分，下压深度至少为胸廓前后径的 1/3，每次按压之后应让胸廓完全恢复。按压时间与放松时间各占 50% 左右，放松时手掌根部不能离开胸壁，以免按压点移位。

2. 开放气道

将一只手置于患儿的前额，然后用手掌推动，使其头部后仰。将另一只手的手指置于颏骨附近的下颌下方，提起下颌，使颏骨上抬。注意在开放气道的同时应该用手指挖出病人口中的异物或呕吐物。

3．人工呼吸

急救者以右手拇指和食指捏紧儿童的鼻孔，用自己的双唇把儿童的口完全包绕，然后吹气 1 秒以上，使胸廓扩张。吹气毕，施救者松开捏鼻孔的手，让儿童的胸廓及肺依靠其弹性自主回缩呼气，同时均匀吸气，呼吸频率 8～10 次/分。通气时不需要停止胸外按压，按压与通气的比率为 30∶2。

学习总结

1．个人复盘

请使用思维导图的形式，将本活动的学习内容进行梳理。

2．小组复盘

请小组成员一起拓展学习海姆立克急救法，并进行熟练练习。

学习测试

1．请简述鼻腔异物的处理方法。

2．请简述烫伤的处理流程。

3．请简述擦伤的处理流程。

学习评价

学生姓名：　　　　　　　　　评价内容：意外伤害的预防与处理　　　　　　　班级：

学习任务	自我评价			小组评价			教师评价		
	1～5	5.1～8	8.1～10	1～5	5.1～8	8.1～10	1～5	5.1～8	8.1～10
	总占比 30%			总占比 30%			总占比 40%		
活动 1 完成情况									
活动 2 完成情况									
活动 3 完成情况									
出勤									
纪律									
学习态度									
表达能力									
合作能力									
问题回答									
创新能力									
小计									
总评									

综合评语	自我评价
	小组评价
	教师评价

　　　　　　　　　　　　　　　　　　　　任课教师：　　　　　日期：

学习任务八　科学的营养膳食

学习目标

1. 了解幼儿园食谱的基本知识。
2. 了解幼儿园营养膳食的要求。
3. 简单了解幼儿园进行膳食管理的内容。

学习准备

1. 资料准备：电子文件《学校食品安全与营养健康管理规定》、幼儿园食谱。

学习活动

活动1　幼儿园食谱知多少

表3-8-1　幼儿花样食谱

餐次	星期一	星期二	星期三	星期四	星期五
早餐	紫米糕	果酱包	黄金卷	五仁包	麻酱糖卷饼
	卤鸡肝	素炒胡萝卜丝	虾皮鸡蛋西葫芦	蛋炒紫甘蓝	五香鸡蛋
	西红柿蛋花柳叶汤	什锦蛋羹	百合莲子粥	荞麦粥	老北京豆腐脑
加餐	鲜奶屋	鲜奶屋	鲜奶屋	鲜奶屋	鲜奶屋
	蜜枣	腰果	杏仁	山核桃仁	瓜子仁
午餐	葡萄干米饭	山药米饭	紫米饭	南瓜米饭	香米饭
	栗子鸡翅中	蜜汁大虾	罐焖牛肉	红烧排骨	清蒸鲑鱼
	素炒三丝	炝炒双花	素鸡油菜	西芹百合	肉末蒜蓉豇豆
	丝瓜蛋花汤	冬瓜鸭汤	意式菜根汤	三鲜汤	海带香菜汤
午点	黄金瓜	西瓜	香蕉	哈密瓜	火龙果
	冰糖百合水	冰糖梨水	冰糖藕水	冰糖银耳水	冰糖萝卜水
晚餐	葱油花卷	提褶包	葱油发面饼	双色枣发糕	什锦炒饭(豌豆)
	蛋炒鲜蘑黄瓜	蒸白薯	什锦肉片	肉末烧茄子	蒸南瓜
	肉末白干炒豌豆	玉米面麻酱粥	蛋炒丝瓜	香干蒿子秆	棒骨白菜金针汤
	小米粥		小米红薯粥	绿豆米粥	

表3-8-2　幼儿带量食谱

餐	星期一		星期二		星期三		星期四		星期五	
	食谱	带量/人(克)	食谱	带量/人(克)	食谱	带量/人(克)	食谱	带量/人(克)	食谱	带量/人(克)
早餐	紫米糕	古船面粉 20.00	果酱包(早)	面粉(富强粉)35.00	黄金卷	古船面粉 7+120.00	五仁包	面粉(高强粉)30.00	麻酱糖卷饼	面粉(富强粉)35.00
		黑米(稻米)10.00		苹果酱 8.00		玉米面(黄)10.00		核桃仁 1.00		芝麻酱 8.00
		雀巢奶粉 2.00		白糖 5.00		鲜奶 20.00		花生仁(炒)1.00		红糖 2.00
		绵白糖 4.00	什锦蛋羹	番茄酱 4.00		白糖 4.00		松子仁 1.00		奶粉 3.00
				海棠 2.0	虾皮炒鸡蛋西葫芦	鸡蛋(红皮)25.00		芝麻(白)1.00	五香鸡蛋	鸡蛋 40.00
	卤鸡肝	鸡肝 20.00		鸡蛋(红皮)40.00		西葫芦 15.00	蛋炒紫甘蓝	鸡蛋(红皮)20.00	老北京豆腐脑	豆腐(南豆腐)30.00
		面粉(富强粉)15.00		薇菜 10.00		虾皮 5.00		紫甘蓝(卷心菜)25.00		金针菇(黄花菜)2.00
	西红柿蛋花柳叶汤	西红柿 30.00	素炒胡萝卜丝	胡萝卜(红)20.00		花生油 4.00	荞麦粥	大米 5.00		本耳(云耳)2.00
		鸡蛋(红皮)15.00			百合莲子粥	稻米(大米)10.00		荞麦 7.00		艺麻油(香)1.00
		芝麻油(香油)0.50				百合干 3.00		糖 4.00		
		牛奶 200.00				莲子(干)3.00				
加餐	鲜奶屋	蜜枣	鲜奶屋	牛奶 200.0g	鲜奶屋	牛奶 200.00	鲜奶屋	牛奶 200.00	鲜奶屋	牛奶 200.00
	蜜枣(蒸)	稻米(大米)50.00	腰果	腰果 10.00	杏仁	杏仁 10.00	山核桃仁	山核桃(干)10.00	瓜子仁	瓜子仁 10.00
午餐	葡萄干米饭	葡萄干 5.00	山药米饭	稻米(大米)50.00	紫米饭	稻米(大米)45.00	南瓜米饭	稻米(大米)50.00	香米饭	稻米(大米)40.00
		稻米(大米)50.00		山药 10.00		黑米(稻米)7.00		南瓜(倭瓜)10.00		稻米(香大米)10.00
	栗子鸡翅中	栗子(干)10.00	蜜汁大虾	海虾 65.00	罐焖牛肉	萝卜(心里美)40.00	红烧排骨	猪小排排骨 65.00	清蒸鲢鱼	鲢鱼 55.0
		花生油 3.00		白糖 2.00		香菇(鲜)10.00	打烧预排(回民)	白糖 2.00		大葱 3.00
		鸡翅 65.00		番茄酱 5.00		葱头(洋葱)10.00		花生油 3.00		香菇(鲜)2.00
		胡萝卜(红)30.00		花生油 7.00		牛肉(肥、瘦)35.00		酱油 2.00		花生油 3.00
	素炒三丝	柿子椒 20.00	炝炒双花	西兰花(绿菜花)50.00	素鸡油菜	素鸡 20.00	西芹百合	百合 10.00	肉末蒜蓉豇豆	肉末 20.00
		土豆 30.00		菜花(花椰菜)40.00		油菜 60.00		芹菜 70.00		豇豆 90.00
		花生油 4.00	双花(鸡蛋)	黑木耳(云耳)1.00		花生油 5.00		花生油 5.00		花生油 2.00
		丝瓜 15.00		花生油 3.00	意式菜根汤	胡萝卜(红)15.00	三鲜汤	虾仁 5.00	海带香菜汤	海带 12.00
	丝瓜蛋花汤	鸡蛋(红皮)10.00	冬瓜鸭汤	香菜 3.00		彩椒 5.00		海参(水浸)5.00		香菜 5.00
		芝麻油(香油)1.00		冬瓜 20.00				鲜贝 3.00		香油 1.00
				鸭 15.00				香菜 3.00		
				芝麻油(香油)0.50						

　　请看表3-8-1、表3-8-1，这是 XXX 幼儿园的一周花样食谱和带量食谱，请小组认真观察食谱，你都发现营养搭配的哪些规律？请把你的发现写下来。

我的发现

知识链接

食谱制定的知识

1. 制定花样食谱

根据市场供应情况，食谱每两周调换一次，适当调整花样，对食谱有如下要求。

①根据市场供应情况制定食谱。

②注意蛋白质的互补作用，充分利用豆制品。

③注意干稀搭配、荤素搭配、粗细粮搭配，少吃甜食和油炸食物，食盐量要加以控制。

④早餐以主食为主、优质蛋白质为辅，午、晚两餐都要有菜，午餐一荤一素，多选用各种季节性蔬菜，每天有一定量的绿色、橙色蔬菜。

⑤食谱（种类、大小、色、香、味）应满足儿童年龄特点的需要。

⑥1 岁以下、1～2 岁、3～6 岁儿童的饮食制作要有区别。

2．制定带量食谱

带量食谱是在花样食谱的基础上，把膳食计划中各类食物的每周用量全部反映在食谱中，定出每餐或每日每人的各种食物原料的用量。将膳食计划中每周食物用量分配到每日、每餐的儿童食物带量中。带量食谱完成后应将每周各类食品的数量相加，其总量需与同期计划用量相符（如果所用食物较昂贵，不能保证在每周的食谱上均能体现，可以体现为每两周一次或每月一次）。

采购员必须按食谱要求供应食品，炊事员按照食谱上规定的花样和各种原料的数量制作饭菜，如此才能保证计划落实，使儿童得到应有的营养量。如果食谱上的原料未能及时买到，可以用同类食物代替，但必须在食谱上及时做相应的修改。如果托幼机构制定的是全园的带量食谱，那么每餐全园所用食物带量等于每人每餐用量与进餐人数的乘积。

活动 2　幼儿园营养膳食的要求

请小组成员一起仔细学习《学校食品安全与营养健康管理规定》。

（1）依据管理规定，幼儿园营养膳食的要求有哪些？

（2）保育员做好哪些工作能更好地配合幼儿园的营养膳食管理？

讨论结果

🔗 知识链接

电子文件《学校食品安全与营养健康管理规定》

➤ 儿童膳食管理的目的

为加强托幼园（所）集体伙食的科学管理，保证儿童得到合理平衡膳食，促进儿童健康成长。

➤ 幼儿园营养膳食管理内容

①托幼机构食堂应当按照《中华人民共和国食品安全法》《中华人民共和国食品安全法实施条例》《餐饮服务许可管理办法》《餐饮服务食品安全监督管理办法》《学校食堂与学生集体用餐卫生管理规定》等有关法律法规和规章的要求，取得餐饮服务许可证，建立健全各项食品安全管理制度。

②儿童膳食应当专人负责，炊事人员必须具有有效的健康证和培训证上岗。儿童伙食实行民主管理：成立伙委会，由园（所）长、保健员（或医务人员）及保育员、炊管人员、财会人员、家长代表组成。每月召开会议，研究儿童伙食中存在的问题并随时征求家长意见，总结经验，以求不断提高伙食质量。

③工作人员膳食与儿童膳食的储存和制作要严格分开，儿童膳食费专款专用，账目每月公布，每学期膳食收支盈亏不超过 2%。

④儿童食品应当在具有食品生产许可证或食品流通许可证的单位采购。食品进货前必须采购查验及索票索证，托幼机构应制定采购验收制度，建立出入库账目。

⑤儿童食堂应当每日清扫、消毒，保持内外环境整洁。食品加工用具必须生熟标识明确、分开使用、定位存放。餐饮具、熟食盛器应在食堂或清洗消毒间集中清洗消毒，消毒后保洁存放。库存食品应当分类，注有标识，注明保质期，定位储藏。

⑥禁止加工变质、有毒、不洁、超过保质期的食物，不得制作和提供冷荤凉菜。留样食品应当按品种分别盛放于清洗消毒后的密闭专用容器内，在冷藏条件下存放 48 小时以上。每样品种不少于 150g 以满足检验需要，并做好记录。

⑦进餐环境应当卫生、整洁、舒适。餐前做好充分准备，进餐间隔合理，两餐间隔不少于 3.5 小时并准时开饭，保证儿童情绪愉快，培养儿童良好的饮食行为和卫生习惯。

⑧每两周制定一次带量食谱。每季度选其中 1 个月，用计账法对儿童伙食进行营养分析。

⑨每天各班统计出勤，报告厨房，炊事员应根据各班当天报来的实有人数按量按食谱做饭，做到少剩饭（主食量最好控制在 5% 以内）、不浪费。买不到所定食品可临时以同类食物代替，并要在食谱上更改。

➤ 膳食营养要求

①托幼机构应当根据儿童生理需求，以《中国居民膳食指南》为指导，参考中国居民

膳食营养素参考摄入量（DRIs）和 2～5 岁儿童各类食物每日参考摄入量（如图 3-8-1 所示），制订儿童膳食计划。

②根据膳食计划制定带量食谱，1～2 周更换一次，食物品种要多样化且合理搭配。

③在主副食的选料、洗涤、切配、烹调中，方法应当科学合理，减少营养素的损失，符合儿童清淡口味，达到营养膳食的要求。烹调食物注意色、香、味、形，提高儿童的进食兴趣。

④托幼机构至少每季度进行一次膳食调整和营养评估。全日制托幼机构儿童的热量和蛋白质平均摄入量应当在 DRIs 的 80%以上，寄宿制托幼机构应当在 DRIs 的 90%以上。维生素 A、维生素 B、维生素 B2、维生素 C 及钙、铁、锌等应当在 DRIs 的 80%以上。三大营养素热量占总热量的百分比分别是蛋白质 12%～15%，脂肪 30%～35%，碳水化合物 50%～60%。每日早餐、午餐、晚餐热量分配比例为 30%、40%和 30%，优质蛋白质占蛋白质总量的 50%以上。

⑤有条件的托幼机构可为贫血、营养不良、食物过敏等儿童提供特殊膳食。

⑥儿童在饭前不做剧烈活动，并用流动水洗手；掌握进食量，保证吃饱、吃好；饭后擦嘴，3 岁以上漱口或刷牙，3 岁以下喝一口水，以达到清洁口腔、预防龋齿的目的。

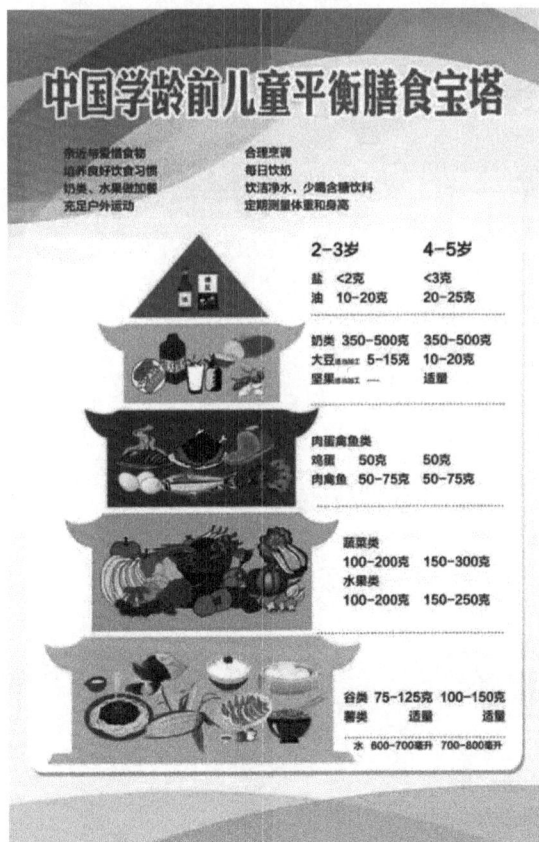

图 3-8-1　中国学龄前儿童平衡膳食宝塔

学习总结

1. 个人复盘

请使用思维导图的形式，对本活动的学习内容进行梳理。

2. 小组复盘

请小组成员一起到幼儿园观摩幼儿园保健医是如何向家长介绍营养膳食的？把观察写下来，小组成员一起分享。

学习测试

1. 请简述幼儿园食谱制定的原则是什么？

2. 请简述保育员的哪些工作内容能更好地促进幼儿园的膳食管理？

学习评价

学生姓名： 　　　　　　　　评价内容：科学的营养膳食　　　　　　　班级：

学习任务	自我评价			小组评价			教师评价		
	1～5	5.1～8	8.1～10	1～5	5.1～8	8.1～10	1～5	5.1～8	8.1～10
	总占比 30%			总占比 30%			总占比 40%		
活动 1 完成情况									
活动 2 完成情况									
出勤									
纪律									
学习态度									
表达能力									
合作能力									
问题回答									
创新能力									
小计									
总评									

综合评语	自我评价
	小组评价
	教师评价

任课教师：　　　　　日期：

反侵权盗版声明

电子工业出版社依法对本作品享有专有出版权。任何未经权利人书面许可，复制、销售或通过信息网络传播本作品的行为；歪曲、篡改、剽窃本作品的行为，均违反《中华人民共和国著作权法》，其行为人应承担相应的民事责任和行政责任，构成犯罪的，将被依法追究刑事责任。

为了维护市场秩序，保护权利人的合法权益，我社将依法查处和打击侵权盗版的单位和个人。欢迎社会各界人士积极举报侵权盗版行为，本社将奖励举报有功人员，并保证举报人的信息不被泄露。

举报电话：（010）88254396；（010）88258888

传　　真：（010）88254397

E-mail：　dbqq@phei.com.cn

通信地址：北京市万寿路 173 信箱

　　　　　电子工业出版社总编办公室

邮　　编：100036